動画付きでよくわかる！

焼き菓子の教科書

バターの性質を知れば、もっとおいしく焼けます

熊谷裕子

CONTENTS

はじめに

普段のおやつにも、とっておきのティータイムにも、贈り物にも大人気の焼き菓子は、手作りすればよりおいしさもひとしお。粉、卵、砂糖、そしてバターといった身近でシンプルな材料で作れるのも魅力のひとつです。

パウンドケーキも、クッキーも、タルトも、どの焼き菓子もほぼこの材料からできています。同じような材料を使いながらも、その配合や混ぜ方の違い、加えるフレーバー素材などによって、いろいろな食感や味わいの焼き菓子ができるのです。

焼き菓子作りのポイントは「バター」です。どの生地にも同じ状態で使うのではなく、「溶かす、クリーミングする、焦がす、冷たく固いまま練り込む」など。バターの使い方によって、焼き上がるお菓子の食感が大きく変わってきます。

この本ではバターの性質をよく理解し、作りたいお菓子の食感、風味がベストに焼き上がるコツをしっかり学びます。バターの使い方によって章を分け、基本生地の失敗例を交えながら丁寧に説明。生地の混ぜ方や混ぜ加減などのコツがわかるように動画も用意しました。

もちろんバター以外の素材の役割やアレンジのポイント、さらにもっと素敵に、もっとおいしく仕上がるデコレーションのプロセスも紹介。ワンランクアップなお菓子にも挑戦できます。

皆さんの焼き菓子作りのテクニックがまた一歩、二歩と進み、またいつでも「?」と思ったときに教科書として役立てていただけますように。

熊谷裕子

本書を読む前に

本書では、紙面でのレシピ紹介とともに、「基本の生地」6種類の作り方を動画でご覧いただけます。

出来上がり写真

ケーキの出来上がりのイメージ写真です。

断面写真

出来上がりのケーキ生地の断面図です。生地のきめや食感が見てわかります。
（ないものもあります）

動画レッスン付き

基本の生地6種類には、動画がついています。QRをスキャンしてご覧ください。バターの溶かし方や生地の混ぜ方など、失敗しやすいポイントを動画で紹介。紙面のレシピでは伝えきれなかったテクニックが満載です。

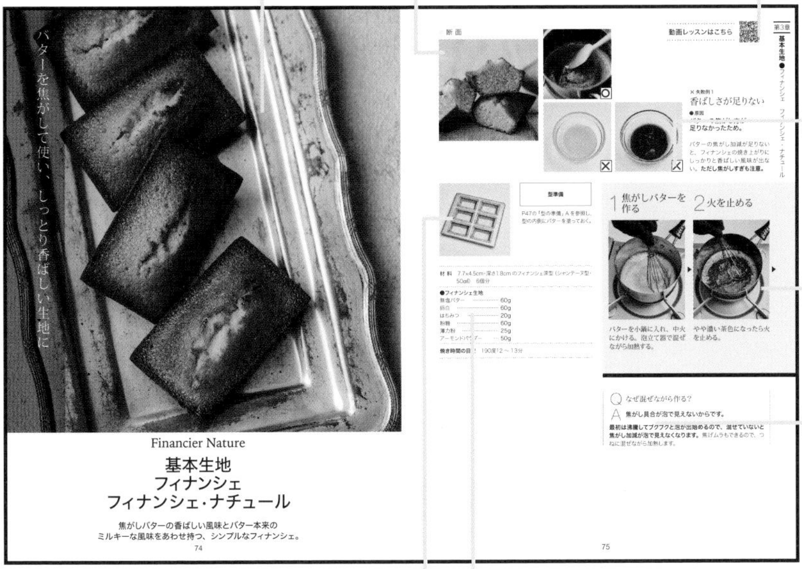

失敗例

ケーキ作りで起きやすい失敗例とその原因を紹介しています。

プロセス

ケーキ作りのプロセスを写真とともに紹介しています。

Q&A

ケーキ作りにおける疑問とその答えを紹介。おいしく作るアドバイスやポイントを紹介しています。

型

レシピで紹介したケーキに使用するために下準備をした型です。

材料

レシピを紹介したケーキを作るための材料です。

この本のレシピについて

- バターは食塩不使用のもの（無塩バター）を使用。
- 電子レンジは500W～700Wを使用。
- オーブンの温度、火加減、加熱時間は目安です。
- 生クリームは動物性脂肪分35～36%のものを使用。
- 卵はLサイズ（殻なしで60g）を使用。
- 粉糖は通常タイプの他にデコレーション用（溶けないタイプ）の2種類を使用。

※材料の紹介では無塩バターと記していますが、レシピ・プロセス内ではバター、溶かしバター、クリーミングバター、焦がしバター、固形バター、粒状バターなどと略して記しています。また、動画でも同様です。電子レンジはレンジと略しています。
※QRから読み込む動画について。雑音がある、音声が聞き取りにくい、画像が見えにくいなどの場合がありますがご了承ください。詳しくは、本書のレシピでご確認ください。
※焼き菓子を製作するにあたり、オーブン、レンジ、ガスコンロなどで加熱をする際には、やけどには十分気をつけてください。

焼き菓子に使う主な道具

バターを使うお菓子作りに使用する道具に、特別なものはありません。ハンドミキサーやパレットナイフなどはいろいろなお菓子作りに利用できるので、揃えておくとよいでしょう。

❶ ボウル
材料を合わせたり、メレンゲを立てたりとお菓子作りには必要な道具。ステンレス製の直径18cm、22cmくらいの2サイズがあると便利です。

❷ カード
プラスチック製のカードはパートブリゼを作るときにバターを切り込んだり、型に入れたスポンジ生地をならすときなどに使います。

❸ ハンドミキサー
バターをクリーミングするときに便利な道具です。家庭でのお菓子作りはハンドミキサーがあれば大抵のものはカバーできます。

❹ 泡立て器
生地やムースなどを混ぜる、泡立てるときに使用します。持ち手がしっかりしているものがおすすめ。大小あると便利です。

❺ 麺棒
タルト生地やパイ生地をのばすのに使います。少し太めでしっかりしているものを選びましょう。

❻ スケール
正確な計量に欠かせないアイテム。ベーキングパウダーなど少量を量ることもあるので、1g単位のデジタル計がおすすめです。

❼ 粉ふるい（ストレーナー）
小麦粉など粉類をふるうときに使用。柄のついているストレーナータイプが便利です。

❽ ゴムベラ
生地を合わせたりボウルからきれいに出したりするのに使用。耐熱タイプがおすすめ。大小あると便利です。

❾ ナイフ
フルーツをカットするときにはギザギザのついている波刃のナイフが便利です。

❿ パレットナイフ
アイシングや溶かしたチョコレートをケーキの上にのばしたり、クリームをならすのに使用。大小あると便利です。

焼き菓子に使う主な材料

バターの焼き菓子に使う基本の材料は、ほとんど身近なスーパーで手に入るものばかりです。材料を揃えたら、早速シンプルな基本のお菓子からチャレンジしましょう。

❶ 小麦粉（薄力粉、強力粉）
ケーキ作りで使うのは薄力粉がほとんどですが、打ち粉として使うのは強力粉が向いています。パイ生地のようにパリッとした食感を作るために薄力粉と強力粉を合わせて使うことも。

❷ 食塩不使用バター（レシピでは無塩バター）
焼き菓子を作るときに生地に練り込むほか、型に塗って型離れをよくするためにも使用します。

❸ ベーキングパウダー
膨らし粉です。バターたっぷりの生地など、卵などの力だけでは膨らみにくいとき、補助的に少量加えます。

❹ 卵
Lサイズ（殻なしで60g 程度）を使用。卵の分量がグラム表記のときはよく溶きほぐし、重さで量りましょう。

❺ アーモンドパウダー
アーモンドを細かいパウダー状に挽いたもの。焼き菓子に入れると風味がよく、しっとりさせる効果があります。

❻ 上白糖（レシピでは砂糖）
スーパーなどで手軽に手に入る砂糖。液体にも溶けやすく、焼き菓子では生地をしっとりと焼き上げる効果があります。

❼ 粉糖
砂糖を粉末状にしたもの。クッキー生地やパートシュクレに練り込んだり、アイシングを作るときに使います。デコレーションには溶けない粉糖を使用します。

Learn about butter

バターについて学ぶ

焼き菓子を作るときに欠かせない材料といえば、「バター」。作りたいお菓子によって、バターを最適な状態に準備することはとても重要なポイントです。ここでは焼き菓子を作るときにバターがどんな役割を果たし、バターの使い方で焼き上がりの食感がどう変わるのか。お菓子作りに進む前に、バターの性質や扱い方を学びましょう。

バターの性質

バターは何からできている？

バターの原料は牛乳です。その牛乳から脂肪分を取り出して固めたものです。83.0% は乳脂肪分、15.8% は水分、そしてタンパク質、炭水化物、ミネラル分が微量ずつ含まれています。

バターは焼き菓子の材料としてどんな役割をしている？

1
ふんわりしっとりした食感（クリーミング性）

バターには「クリーミング性」という性質があります。攪拌すると空気をたくさん含んで、フワッと口どけがよくなったり、ケーキ生地をふっくらきめ細かく焼き上げる作用があります。ただし一度液状に溶かしてしまうとクリーミング性は失われるので、溶かしすぎに注意しましょう。

2
香ばしく、重厚感のあるバターの風味をつける

焼き菓子にバターが入ることで乳製品のミルキーな風味と、焼き上がったときの香ばしさが加わります。また、油脂による、まったりとした重厚感のある食感も引き出します。フィナンシェ生地を作るときは、あらかじめバターそのものを焦がしておくことで、より香ばしい風味を作り出します。

3
サクサクした食感を作る（ショートニング性）

バターには焼き生地をサクサクした食感にする「ショートニング性」という性質があります。パートシュクレやサブレなどの生地では、バターが小麦粉の粒子を包み込むことで、食感を固くする原因となるグルテンの形成を防ぎ、サクサクほろりとした焼き上がりにします。

4
しっとり保湿性、保存性

バターに含まれる油脂には乾燥を防ぎ、生地を保湿する効果や、冷蔵や時間の経過による食感のボソつきを防ぐ効果があります。油脂分が多いほど、傷みにくく保存性が生まれますが、バターケーキ生地のようにどっしり重く、火の通りも悪くなるので、じっくり焼く必要があります。

保存についての注意点

バターの保存は5度以下の冷蔵、または冷凍も可能です。空気に触れると酸化が進んで味が落ち、変色や酸化臭が出るので、ぴったりと油紙に包み、さらにラップや密閉袋などに入れて二重にするのがおすすめ。早めに使いきりましょう。一度溶かしたものは傷みやすく保存できません。バターを使った菓子も同様にしっかり包み、冷暗所または冷蔵庫で保存します。

バターを溶かして使う

P16 ▸ 第1章「ふわっとしっとり」

溶かしバターを使う主なお菓子

キャトルキャール

パンドジェーヌ

バターは30度前後で液状になります。溶かしバターを生地に加えて焼き上げることで、ミルキーな風味、濃厚感、しっとりした食感を作ります。溶かしバターを加えるときは、卵などの水分に入れたときに混ざりやすくするため、40～45度の温かい状態で加えるようにします。バターの油脂は泡立てた卵の気泡を消してしまう性質があるので、加えた後は混ぜすぎに注意します。

バターを焦がして使う

P72 ▸ 第3章「しっとり香ばしい」

焦がしバターを使う主なお菓子

フィナンシェ

焦がし加減（きつね色～濃い焦げ茶色）で好みの風味に調整できるところも魅力。焦がしすぎには注意。

バターを加熱すると液体になり、さらに加熱し続けるとバターの油脂以外の成分（タンパク質や炭水化物）が焦げ、香ばしい風味を出します。この焦がしバターを加えることで、溶かしバターよりも一層香ばしさを増した生地を焼くことができます。生地の水分と混ざりやすいよう、焦がしバターは40～45度に温めて生地に加えるようにします。

バターをクリーミングして使う

P50 ▶ 第2章「しっとりほろり」

バターを室温やレンジにかけてやわらかくし、クリーム状にしたところを攪拌すると、空気を含んで白っぽくなります。この「クリーミング性」という性質を生かせばふわっとしたバターケーキや、軽くなめらかなバタークリームを作ることができます。特に砂糖を加えてホイップするとより安定して空気を含ませることができます。ただし、一度液状に溶かしてしまうと冷やしてもクリーミング性は失われるので注意しましょう。

クリーミングバターを使う主なお菓子

バターケーキ

一気に加熱すると溶けてしまうので注意。いったん溶けてしまうと、冷やしても空気を含まなくなる。少しずつ様子を見ながらレンジにかけるのがポイント。もし溶けてしまったら、溶かしバターとして利用する。

バターをなめらかなマヨネーズ状にする

バターが冷えて固すぎたり、温めすぎて液状になってしまうと、うまくクリーミングすることができません。気温が高いときは室温に数時間おいておくことで適度なやわらかさになります。気温が低いとき、すぐにやわらかくしたいときはレンジを使うと便利です。

レンジ対応の容器やボウルにバターを入れ、数秒レンジにかける。

バターは底の中心部から溶け出すので、混ぜながら様子を見る。

バターを固形のまま使う

P86 ▶ 第4章「サクサクほろほろ」

バターには「ショートニング性」という生地をサクサクに焼き上げる性質があります。さらにバターで小麦粉の粒子を包み込むようにして作ると、バターが水分をブロックして粉のねばり（グルテン）ができるのを防ぎ、よりホロッとした生地になります。この作用はバターを溶かしてしまうと効果が薄れてしまうので、サクサクとした食感にしたいときは、なるべくバターを溶かさないようにするのがポイントです。

ショートニング性を生かした、お菓子

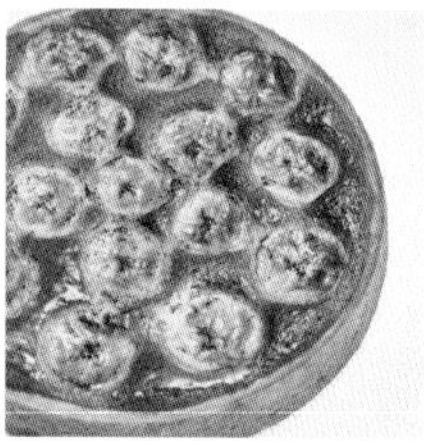

タルト・バナーヌ

フロランタン・カフェ

バターの混ぜ込み方いろいろ

ショートニング性を十分発揮させるためには、バターを冷たく固いままフードプロセッサーを使って生地に混ぜ込むのが理想的。フードプロセッサーがない場合は泡立て器を使って混ぜます。その場合、少しやわらかくしますが、やっと練ることができるくらいにとどめるようにします。

生地の扱い方についての注意点

出来上がった生地を室温に放置するとバターが溶け、ショートニング性が失われるので注意。作業中もなるべくこまめに冷蔵庫に入れるように。

バターを粒状にして使う

P110 ▶ 第5章「バリバリザクザク」

小麦粉を水分でまとめた生地に、バターを細かく粒状に散らした状態にして高温で焼くと、バターが一気に沸騰し、生地が「揚げた」ような状態になります。これがパリッ、ザクザクッとした食感になるシステムです。バターを粒状に散らした生地（パートブリゼや練りパイ）はパリッとしっかりとした食感に、大きなバター粒を生地に散らし、三つ折りを繰り返した生地はホロッとパリパリした繊細な食感になります。

バターを粒状にして使うお菓子

レモンロールパイ

キャレ・ポンム

バターを粉と切り刻んで作る

フードプロセッサーに粉、砂糖、塩、バターを入れ、1cm弱までバターを砕く。

カードでバターを粉とともに切り刻む。最終的にバターの粒が残るように、バターは冷えて固いまま使うのがポイント。

冷水で生地をまとめることで、バターが溶けにくくなり、粒が残る。

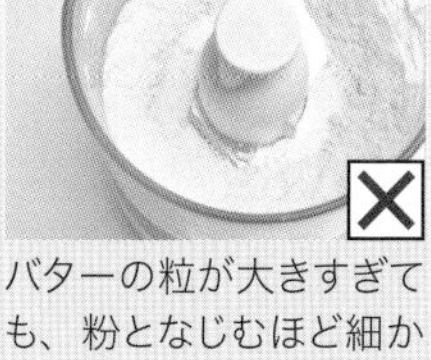

バターの粒が大きすぎても、粉となじむほど細かくなってもNG。程よい大きさに。

焼き菓子に使う、その他の材料について学ぶ

バター以外にもいろいろな材料を使う焼き菓子ですが、まずは味を左右する甘みについて、砂糖の種類と液状の糖類、その役割と使い分けを学びます。また、おいしい焼き菓子を作るために、重要な役割のあるその他の材料も紹介します。

おいしいと感じる味を作り出す砂糖について

砂糖のいろいろな使い分け

砂糖(ショ糖)は、サトウキビやサトウダイコンの搾り汁を濃縮・精製し、純度を高めて結晶化させたもの。精製度が低いほど原料の色や風味が強く、精製度が高いほど、白くくせのない味になります。精製度は食感にも大きく影響するので、それぞれの菓子の味や食感のイメージに合わせた使い分けが必要です。

1 保水性・保湿効果	バターケーキやスポンジにしっとり感を出す、メレンゲの泡を安定させる
2 防腐効果	ジャムや砂糖漬けなど、保存性を高める
3 色づけ効果	バターケーキやスポンジなどの表面に焼き色をつける

甘さ控えめもほどほどに

砂糖の量は食感や見た目にも影響

甘さを控えめにしたくても、砂糖を減らしすぎるとボソボソした食感になったり、焼き色がつかず白っぽくなったりと、食感や見た目にも影響が出てしまいます。菓子の配合はバランスが大切。むやみに砂糖を減らさず、酸味や苦味のある素材などを組み合わせて味を引き締めるとよいでしょう。

しっとり、ねっちり。食感をかえたいなら

液状の糖類を上手に使う

転化糖やはちみつなど液状の糖類は保湿効果が非常に高く、ケーキやスポンジに焼き色をつけたり、しっとりとした食感に焼き上げたり、キャラメルをねっちりさせたりします。ただし液状の糖類だけでは、焼き色がつきすぎたり、べたついてしまうので、必ず砂糖と組み合わせて使用しましょう。砂糖の結晶化を防ぐ効果もあります。

粉状の糖類

食感・風味	主な糖類風味	純　度	特　徴	向いているお菓子
さっくり軽い・くせがない・上品で繊細	グラニュー糖	高	最も純度が高い。結晶の粒が大きく、固まりにくい。	上品な甘さの生ケーキなどに
サクサク	粉糖		グラニュー糖を粉末にしたもの。コーンスターチやオリゴ糖などを添付したものもある。グラス(アイシング)にも使用。	サクサクしたサブレ、パートシュクレに
しっとり	上白糖		転化糖が少量添加されている。くせが少なく、安価で入手しやすい。やや固まりやすい。	しっとりしたバターケーキやスポンジなどに
風味がある	三温糖 ブラウンシュガー きび糖 粗糖		茶色がかっている。ほんのり風味がつく。 精製度が低く、サトウキビのミネラルや風味、茶褐色が残る。りんごやマロン、カフェに合わせるとよい。	カントリー風のケーキや個性的な風味づけに
じっとり濃厚・くせがある・どっしり・素朴な味わい	黒糖	低	サトウキビの搾り汁を煮詰めたもの。濃い茶褐色で風味が強い。重くじっとりとした食感になる。上白糖などと合わせて使うのもよい。	黒糖の風味を生かしたい生地や素材に合わせて

液状の糖類

食感・風味	主な糖類風味	純　度	特　徴	向いているお菓子
ねっちり・べったり	転化糖(トレモリン)		菓子に色がつかない。風味をつけたくないときに使用する。 粘度をつける効果も。	しっとりと上品な甘みの焼き生地に
	はちみつ		菓子に色と風味がつく。採取された花ごとにフレーバーが異なる。	しっとりとはちみつの風味を生かした生地に

◆卵

卵に水分として生地をやわらかく、しっとりと焼き上げる効果があります。さらに全卵、卵白を泡立てることで焼き上がりにふわっとボリュームを出す役割も。泡立てるときは砂糖を加えていくことで泡に安定性が出ます。逆にバターなどの油脂は気泡を消す作用があるので、合わせるときは注意をして。

また卵黄にはつや出し効果があるので、タルトやパイ生地に塗っておいしそうなつやをつけるのに使います。

◆粉類

▲小麦粉（薄力粉、強力粉）

小麦粉は生地のなかで「柱」の役割をします。

お菓子の生地は小麦粉に卵などの水分を加えて作りますが、その生地中の水分に熱が加わることで膨張します。同時に小麦粉が熱によって凝固することで、冷めてもしぼまずに膨らみを維持する「柱」となり、お菓子の食感を作ります。

粉と水分をある程度混ぜ合わせることで柱のもとになる「グルテン（ねばり）」を作るので、混ぜ方が足りなかったり加熱が足りなかったりしても上手に焼き上がりません。ただし混ぜすぎてグルテンを作りすぎるとねっちりと重い食感になることがあるので加減がポイントになります。

ソフトで軽い食感のお菓子作りには主に薄力粉を使いますが、パートブリゼのようなパイ生地にはパリッとした食感を作るため、タンパク質量が多い（グルテンを多く作る）強力粉を薄力粉と混ぜて使うことも。

▲でんぷん類

コーンスターチや浮き粉（小麦粉でんぷん）などのでんぷんは、グルテンの形成を邪魔する作用があり、バター同様サクサクした食感を作ります。また、でんぷんは生地を軽く、歯切れのよい食感にします。ただし、それだけでは生地がだれたり、形がくずれてしまうので、必ず小麦粉と混ぜて使います。

▲アーモンドパウダー

アーモンドを細かく粉砕したアーモンドパウダーは、油脂を多く含み生地に混ぜ込むことでしっとりとした食感と「うまみ、風味」をプラスします。酸化が早いので（脂っぽくベタッとしたり、酸化臭が出る）冷蔵、冷凍保存するか早めに使いきりましょう。

◆ナッツ

ナッツの香ばしい風味とカリッ、ガリッとした食感がアクセントになり、菓子にさっくり感が出ます。生のまま生地に混ぜて焼いても香ばしさは出ず、十分にナッツの風味を発揮しないので、あらかじめから焼きし、中までうっすら焼き色をつけてから加えます。表面にトッピングするときは、生地と一緒に焼けるので、生のままのせても大丈夫です。

◆フルーツ

水分を多く加えれば当然しっとりしますが、生のフルーツを生地にそのまま加えると水分が多すぎて水っぽくなったり、生地が生焼けになったりします。そこで、フルーツは加熱や乾燥などで余分な水分を減らして混ぜ込みます。煮たり、ソテーしたりするときに糖分を加えると砂糖の保水性で必要な水分が蒸発するのを防ぎ、よりしっとり仕上がります。ほかにもフルーツの糖分が凝縮したドライフルーツ、ドライフルーツの洋酒漬け、栗の甘露煮や渋皮煮にも同じしっとり効果があります。

◆ジャム

フルーツを砂糖と煮詰めたジャムは、焼き菓子のフィリングとなるだけではなく、焼き上がりに薄く塗ることでつやや酸味、風味をプラスします。仕上げに使う場合は固形分のない裏ごしタイプを液状に溶かしてから塗ります。

◆リキュール

生地に混ぜるのではなく、焼き上がりにしみ込ませることで、香りと同時に水分を補給し、しっとり仕上がります。殺菌、保存性も高める効果も。菓子が冷めるとしみ込みづらくなるので、必ず焼いたらすぐに塗りましょう。また、熱いうちに塗れば適度にアルコール分が飛び、よい風味だけが残ります。

第1章

「ふわっとしっとり」バターを溶かして使う

キャトルキャール&パンドジェーヌ生地のレッスン

溶かしバターを生地に加えて焼き上げると、
ミルキーな風味、濃厚感、しっとりした食感を作ります。
ここではこの溶かしバターで
「キャトルキャール生地」「パンドジェーヌ生地」をマスターします。

溶かしバターで作る生地のポイント

1

バターは温めて加える

溶かしバターを加えるときは、卵や砂糖などに加えたときに混ざりやすい（乳化しやすい）ように、湯せんまたはレンジで40 ～ 45度に温めて加えるようにします。

2

バターを加えたら混ぜすぎ注意

バターの油脂には泡立てた卵の気泡を消してしまう性質があるので、加えた後は混ぜすぎて気泡を消しすぎないように注意します。

3

バターと生地の一部を合わせる

溶かしバターの量が多いときは、一部を生地と乳化させてから加えたほうが、生地と混ざりやすく卵の気泡を消しすぎません。

「ふわっとしっとり」

パンドジェーヌ

キャトルキャール

バターを溶かして加え、しっとりきめの細かい生地に

Quatre-quarts Citron Yuzu

基本生地 キャトルキャール シトロン・ユズ

**ふんわり軽い食感の焼き上がりに、
甘酸っぱいレモン味の薄い糖衣をかけて仕上げます。**

動画レッスンはこちら

断面

型準備

P47の「型の準備」Bを参照し、バターと粉で2層コーティングしておく。

材料　ふちのサイズ19cm×8cmのレーリュッケン型（740㎤）1本分

●キャトルキャール生地
- 無塩バター …………… 60g
- はちみつ ……………… 20g
- レモンの皮のすりおろし ………………… 1/2個分
- ユズピール …………… 20g
- 全卵 ……………… 正味90g
- 砂糖 …………………… 60g
- 薄力粉 ………………… 90g
- ベーキングパウダー …… 2g

●アイシング
- 粉糖 ………… 75g
- レモン汁 …………… 約15g

●トッピング
- ユズピール、ピスタチオ、溶けない粉糖 ……………………各適量

焼き時間の目安　180度15分→170度15分

1 バターをボウルに入れる

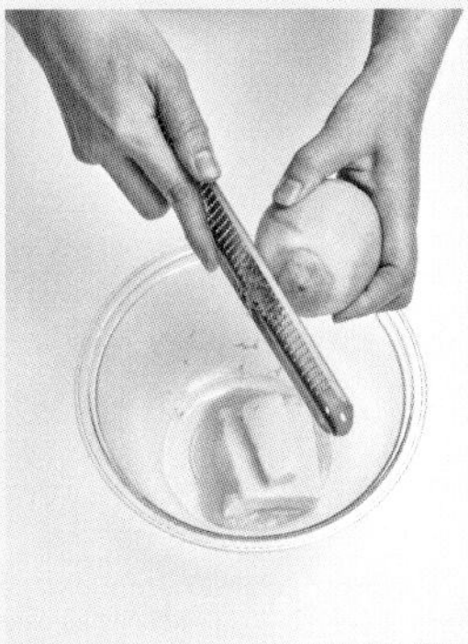

バターとはちみつを一緒に大きめの容器に入れ、レモンの表皮の部分をすりおろして加える。

2 溶かす

500〜600Wのレンジで20〜30秒ほど加熱して溶かす。下記参照。

Q バターは何度くらいに温めるの？

A 40〜45度がベストです。

ボウルを両手で包み、温かいと感じるくらい。レンジの場合は最初から長くかけず、**様子を見ながら数秒ずつ加熱**します。生地に加えるときに冷めてしまったら、もう一度温めなおします。生地に混ざりやすく（乳化しやすく）するためには、温度が重要なポイントです。

下準備のポイント

ユズピールは粗く刻む
ユズピールは細かく刻む。刻みが大きいと焼き上がったときに沈みやすいので注意。後で加える。

2 のポイント

バターを溶かす
レンジを使わない場合は湯せんで溶かしてもよい。

×失敗例1

卵液が泡立たない

●原因

ボウルを傾けなかったので、ハンドミキサーに絡まず、泡立て方が遅く、卵液が冷えてしまったため。

きめ細かくしっかり強い気泡にするため、卵液を温かいうちにハンドミキサーに絡ませて、高速で回す。ボウルをおいただけの状態と斜めに傾けた状態で比べると、**斜めにしたほうが卵液が絡みやすく**、早く泡立つ。

4、5 **のポイント**

卵をしっかり泡立てる

後でベーキングパウダーも加えますが、卵をあまり泡立てず、ベーキングパウダーだけに頼って膨らませると、きめが粗く、縦にのびた気泡ができてしまいます。本来は卵の気泡だけで膨らむところを補助的に（保険的に）加えているにすぎないので、しっかり泡立てをしましょう。

3 卵液を温める

ボウルに全卵をほぐして砂糖を加えて混ぜる。弱火の湯せんにかけ、泡立て器でかき混ぜながら温める。

4 泡立てる

ハンドミキサーを高速で泡立て始める。上記参照。

ハンドミキサーを持ち上げて生地を垂らし、泡立て加減をチェックする。上記参照。

5 泡立て完了

しっかりとしたムース状になったら完了。上記参照。

Q 卵液はどうやって、どのくらい温めるの？

A **40～45度くらいがベストです。**

湯せんで温める場合、お湯が入らないよう注意します。**卵液に指を入れてしばらくすると熱く感じるまで温めます。直火で温める場合、ごく弱火にしてつねに混ぜ、**ボウルも回しながら行います。ただし卵液が固まらないように注意しましょう。**温めが足りないと泡立ちが悪くなり、焼き上がりにも影響があります。**

Q ハンドミキサーを高速にする理由は？

A **早く泡立てるためです。**

温めた卵液が泡立て器に絡みやすいよう少しボウルを傾けて高速で回すと、**卵液が冷めないうちに効率よく泡立ち、**ボリュームがしっかりと出てきます。

Q チェックの仕方は？

A **持ち上げて垂らします。**

白っぽくムース状になっても、**垂らすとだらだらと溶けてしまうようならNG。**きめ細かくしっかり強い気泡にするため、さらに高速で泡立てます。ここではもう卵液の温度が下がっていても問題ありません。

Q 泡立て完了の目安は？

A **リボンのように垂れる状態です。**

生地を垂らすとゆっくりと落ち、少しのあいだ形が残っているくらいになったら泡立て完了。垂らした生地で「の」の字が描けるようになればOK。

× 失敗例 2

生地が膨らまない

●原因

卵液をハンドミキサーで、しっかりと泡立てなかったため。

卵液を温かいうちに泡立て、白くボリュームのある状態になって、粉類もしっかり混ぜ合わせることができたら、ふんわりとボリュームのある生地が焼き上がる。しかし、**卵液の泡立てが足りないと生地にボリュームが出ない。**

× 失敗例 3

きめが揃わず ボソボソ、へこんでしまう

●原因

粉の混ぜ方が足りないため。

やっと粉っぽさが見えなくなったところで混ぜるのをやめ、バター類を加えると、粉が全体にいきわたっていないためオーブンの中で一度は膨らむが、**焼き上がるころにはしぼんでしまう。**きめも粗くボソボソした食感に。

6 ふるい入れる

薄力粉、ベーキングパウダーを合わせて粉ふるいに入れ、ゴムベラで押し出すようにボウルに直接ふるい入れる。

7 混ぜる

ボウルを手前に回しながら、ゴムベラで底からすくうようにして丁寧に混ぜる。

粉っぽさが見えなくなる。

8 もう少し混ぜる

粉が見えなくなったら、さらに10回くらい丁寧に全体を混ぜ合わせる。

Q 混ぜ方のポイントは？

A すくい上げるように混ぜます。

ゴムベラで真ん中を切るようにし、その後ボウルの内側の生地をすくい上げ、そのまま折り返すように混ぜます。下から粉が出てくるのを確認しながら、丁寧に「の」の字を描くように合わせます。**乱暴に合わせると必要以上に気泡が消える**ので注意しましょう。

Q 粉が見えなくなったらバターを入れていい？

A 粉が見えなくなったところでバターを入れてしまうと失敗します。

細かく泡立った卵の気泡に粉がいきわたらず、まだ生地を支える「柱」ができていないので、**焼くと一度は膨らみますが、次第にしぼんでしまいます。**

Q なぜさらに10回混ぜるの？

A 全体を均一な状態にするためです。

気泡が多少つぶれても、適度に混ぜて、**細かく泡立った卵の気泡に粉をいきわたらせ「柱」を作ることが大切。**粉がいきわたるときめが細かく揃った焼き上がりになります。ただし混ぜすぎもNGなので注意しましょう。

×失敗例４

乳化しない

●原因

バター類に加える生地の量が少なすぎるため。

溶かしバターに加える**生地の量が少なすぎたり、混ぜ方が足りないと乳化しない。**もう少しだけ生地を加えてよく混ぜるように。ただし生地を加えすぎてもNG。

9 生地をバター類に加える

温かい状態の2の溶かしバター類に刻んだユズピールを入れ、8の生地をひとすくい（約45g）加える。

10 よく混ぜる

生地が乳化するように、泡立て器でぐるぐると混ぜる。

11 乳化する

全体が均一に混ざり合い、乳化した状態になる。

12 戻す

8の生地の入ったボウルに、乳化した生地をすべて戻す。バターの油脂は卵の気泡を消す性質があるので、ここからは丁寧に合わせる。

Q なぜバター類に生地を加えるの？

A **溶かしバターを生地に混ざりやすくするためです。**

この作業はバター類が温かい状態か確認してから行います。温度が低いと生地が混ざり（乳化し）にくくなるので、冷めていたら温めなおしましょう。また、**加える生地量は少なすぎても乳化せず、多すぎると必要以上に気泡を消してしまうので注意**しましょう。

Q 泡立てるの？

A **ぐるぐると混ぜ合わせます。**

「泡立てる」のではなく、ぐるぐると「混ぜ合わせる」ようにします。この生地の気泡は多少消えてしまっても大丈夫。**最初は分離していますが、さらに混ぜると均一でなめらかな状態になってきます。**

Q どうして乳化させるの？

A **全体を混ざりやすくするためです。**

この段階で、**十分に乳化させることで生地に戻したときに混ざりやすく、均等なきめとしっとり感を持つ生地に焼き上がります。**分離したまま生地を戻しても混ざりにくく、気泡を余計につぶしてしまい、ボソボソの食感になってしまうので、しっかり乳化させましょう。

なぜ溶かしバターをそのまま一度に加えないの？

泡立てたムース状の卵に重い液状のバターを加えても、沈んでしまってなかなか混ざり合いません。無理に混ぜ合わせてしまうと気泡はどんどんつぶれ、ボリュームが極度に減って重く詰まった焼き上がりになってしまうからです。

熟成させるポイント

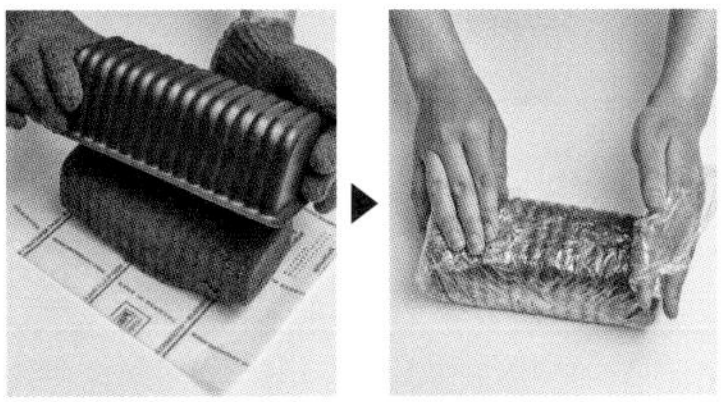

ラップをして1 ～ 2日おく

焼けたら P48を参照して型から出し、室温で冷ます。**粗熱が取れたらぴったりとラップで包み、**さらに密閉袋などに入れて1 ～ 2日おくと味が落ち着いてきます。仕上げをする前にこの状態でおき、**食べごろになってから仕上げをするのがおすすめ。**

13 混ぜる

下からすくい上げるように、全体をまんべんなく混ぜる。

生地がほぼ均一に混ざったら出来上がり。必要以上に混ぜるとバターの油分が気泡を消すので注意する。

14 型に入れる

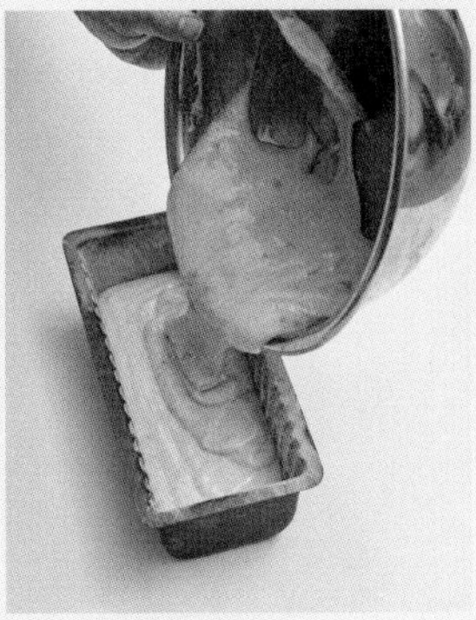

用意した型に生地を一気に流し入れ、天板にのせる。

15 オーブンで焼く

180度のオーブンで15分焼き、さらに170度に落として15 ～ 20分焼く。

Q 混ぜ方のポイントは？

A 下からすくい上げるように混ぜます。

バター分を多く含む生地は下に沈むので、**粉類を混ぜたときのように下からすくい上げるようにし、大きな動作で、回数は少なく**混ぜ合わせていくようにします。

Q 型への入れ方は?

A 一気に流し入れます。

初めに**ゴムベラでボウルの内側の生地をこそげるようにし、一気に型へ流し込みます。**表面の生地を型にあけてから、ボウルの内側についた生地をこそげ落とすと、つぶれて重い生地になるので気をつけて。

Q 焼き方のポイントは？

A 途中でオーブンを開けないように！

できた生地は気泡が消えないうちにすぐ焼くようにします。オーブンの熱で膨れるので、途中で**オーブンを開けるとしぼんでしまう**こともあるので注意。焼きムラができたときは、**入れて20分以上経過し、焼き色がつき始めてから、**型の前後を入れ替え、すぐに扉を閉めます。

Q 焼き上がりの目安は？

A 触って軽く弾力を感じればOK。

途中大きく膨らんできますが、焼くにつれて最後に少し縮み始めます。これが焼き縮みで、しっかり火が入った目安です。オーブンを開けて**そっと触って軽く弾力を感じるようなら焼き上がり。**やわらかすぎるようならもう数分焼きましょう。

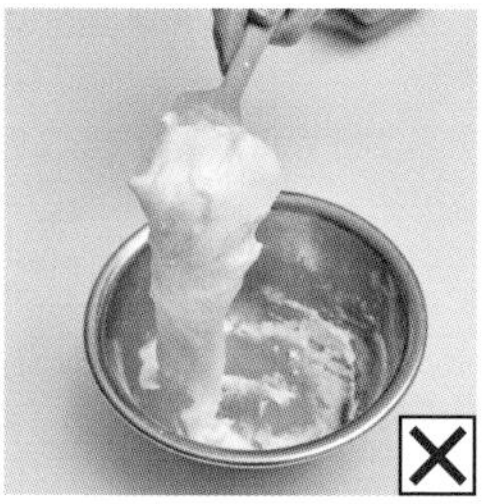

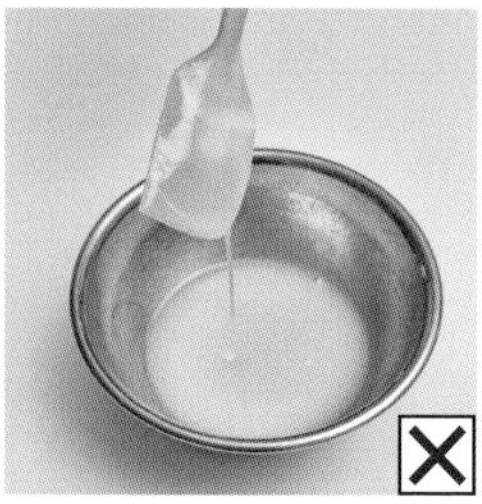

×失敗例 5

アイシングが固い・ゆるい

●原因

粉糖の量に対して、レモン汁が適量でないため。

仕上げに塗るアイシングは、薄いとケーキに吸収されてしまい、固いと厚塗りになってしまう。ちょうどよい固さにするには、**ボウルに粉糖を入れ、少しずつレモン汁を加えながら混ぜる。**ゆるくなりすぎたら粉糖を足して調節する。

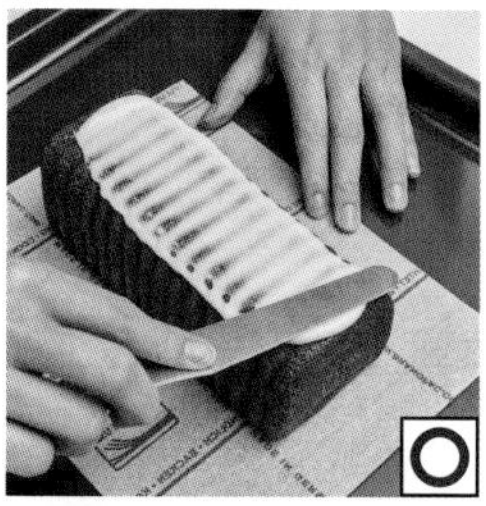

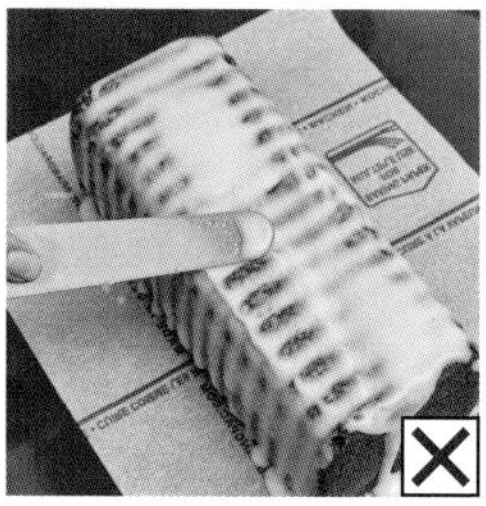

×失敗例 6

アイシングがうまく塗れない

●原因

アイシングをペタペタとケーキの上にのせるように塗ったため。

ケーキをコーティングするためのアイシングの塗り方は、**パレットナイフを寝かせるようにして軽く押し付け、のばすようにするとムラなく塗ることができる。**一方、ペタペタと軽くのせるように塗ると、ムラが出たり厚塗りになる。

16 アイシングを作る

仕上げ用のアイシングを作る。粉糖にレモン汁を少しずつ加えて混ぜる。

17 調節する

レモン汁の量で、程よい固さに調節する。

18 塗る

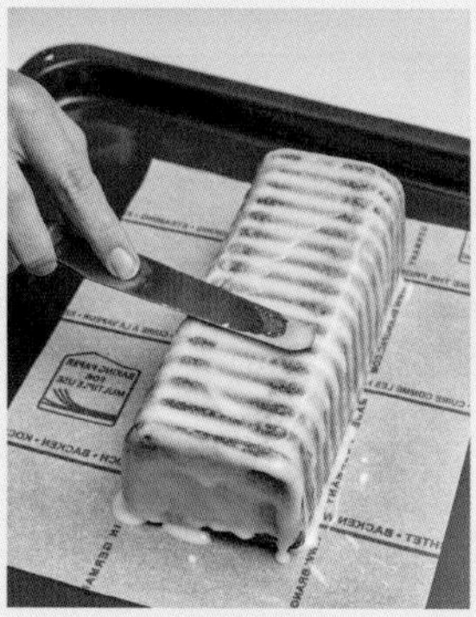

ケーキの表面にパレットナイフで薄く塗り広げる。

19 トッピングする

ユズピール、ピスタチオをランダムにのせる。

Q 固さの目安は？

A つながって落ちるくらいがベストです。

すくい上げて垂らすと、つながってタラタラと落ちるくらい。アイシングは**薄く塗れるくらいの固さに調節**しましょう。**アイシングが固いときはレモン汁を少し加え、やわらかすぎるときは粉糖を少し加えて調節**します。実際にケーキに少し塗って試してみるのもよいでしょう。

Q トッピングの大きさは?

A 程よい大きさにカットします。

ピスタチオは刻み、ユズピールは（長いものは）適宜カットし、大きさいろいろ、ランダムにのせます。ピスタチオの色があまり鮮やかでない場合は、小さな容器に水少々と一緒に入れ、レンジで数秒**加熱してから刻むとグリーンがよりきれいに発色**します。

20 乾かす

トッピングが終わったら170度のオーブンに入れて、2分ほど乾かす。

21 粉糖をふる

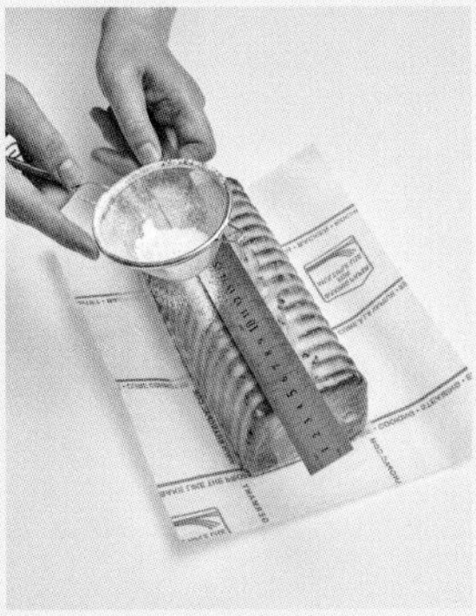

定規などを真ん中に当て、溶けない粉糖を両サイドにふって仕上げる。

キャトルキャール生地
応用ポイント

×大きな具は混ぜ込みにくい

キャトルキャール生地は軽いムース状の生地なので、大きな具を焼く前に混ぜ込んでも焼いている間に沈んでしまいます。

具に混ぜ込むのは細かい粒状またはパウダー状のものがおすすめ（紅茶の茶葉、細かく挽いたコーヒー豆、インスタントコーヒー、ココアなど）です。ドライフルーツなどは細かく刻むようにしましょう。

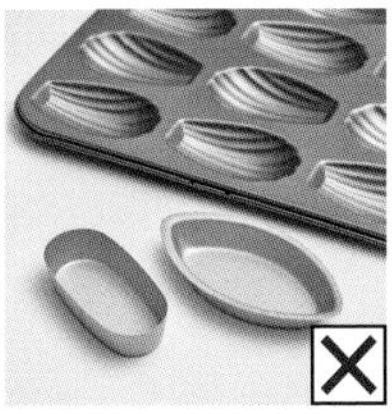

×小さい型、薄い型で焼くのは不向き

キャトルキャール生地の魅力のひとつにそのふわっとした食感もあります。小さい型や厚みのない型で焼くと、その食感が十分に出せません。

厚みのあるパウンド型や、スポンジ型などで焼くのがおすすめ。やわらかでしっとりした食感が楽しめます。

Q どうしてオーブンで乾かすの？

A **余分なアイシングを落とし、表面を固めるため。**

オーブンに入れて加熱することで、余分なアイシングが落ち、表面が固まります。白っぽいアイシングが半透明になるのできれい。乾かす時間が長すぎたり温度が高いと、アイシングが沸騰してカサカサになってしまうので注意しましょう。

Q 粉糖のふり方は？

A **物差しなどを使います。**

物差しを当てて溶けない粉糖をふります。物差しがない場合は紙で帯を作ってもOK。きれいにふることができる**シュガーシェイカーがおすすめですが、**ない場合は茶こしを利用しましょう。

キャトルキャール生地の
シンプルアレンジ

生地にフレーバーをつけ、シロップでしっとり香り高く仕上げる

Tea Brandy Cake 紅茶のブランデーケーキ 右

Cacao Brandy Cake ココアのオレンジコニャックケーキ 左

基本のキャトルキャール生地にアールグレイの茶葉や、ココアパウダーなどのフレーバーを加える簡単なアレンジです。さらに生地のフレーバーと相性のよいブランデーシロップをたっぷりと塗って仕上げました。

アールグレイの茶葉
焼き菓子に入れても香りが残りやすい、ベルガモットフレーバーのアールグレイを使用。生地に混ぜ込む茶葉は、ミキサーやすり鉢などで細かくして使う。手軽に用意したいときはティーバッグの中身を利用しても。

型準備

P47の「型の準備」Bを参照し、バターと粉で2層コーティングしておく。

材料 ふちのサイズ17cm×8cmのパウンド型（670㎤）1本分

●キャトルキャール生地
無塩バター ……… 55g
はちみつ ………… 20g
全卵 ………… 正味80g
砂糖 ……………… 55g
ベーキングパウダー … 2g
薄力粉 …………… 80g
アールグレイの茶葉（細かくしたもの）… 5g

●ブランデーシロップ
砂糖 ……………… 30g
水 ………………… 15g
紅茶リキュール …… 30g
カルバドス（リンゴのブランデー）………………… 30g

◆ココアのオレンジコニャックケーキの場合は、薄力粉を70gにし、アールグレイの茶葉をココア10gに替える。生地に練り込むビターチョコレート（カカオ分65%）30gを細かく刻む。紅茶リキュールとカルバドスをグランマルニエ（オレンジコニャック）60gに替える。

焼き時間の目安
180度 15分→ 170度 15分

紅茶のブランデーケーキを作る

1 生地を作る

P19～23「シトロン・ユズ」を参照し、ケーキ生地を作る。

2 焼く

型に流し、180度のオーブンで15分、170度に落として15～20分焼いて型をはずす。

3 シロップを作る

砂糖と水をレンジで沸かし、粗熱が取れたら紅茶リキュール、カルバドスを加える。下記参照。

4 シロップを塗る

生地が温かいうちに上面にブランデーシロップを塗る。

紅茶の風味をつける
ここでは**薄力粉、ベーキングパウダーとともにアールグレイの茶葉を合わせてふるい入れる。**同様に溶かしたバター、はちみつを合わせる（レモンの皮、ユズピールは加えない）。溶かしバターは必ず温かい状態（40度くらい）で加えるように。

3 **のポイント　酒類はシロップが冷めてから加える**
砂糖と水で作った熱いシロップにリキュールを入れると風味が飛んでしまうので、必ず粗熱が取れてから加えます。

Q 焼き上がりの目安は？

A **真ん中を軽く触って弾力があればOK。**

心配なときは**竹串を刺し、生の生地がついてこなければ焼き上がりです。**

5 全面にシロップをしみ込ませる

側面、底面にもシロップを塗る。シロップはすべて使いきり、たっぷりとしみ込ませる。

6 熟成させる

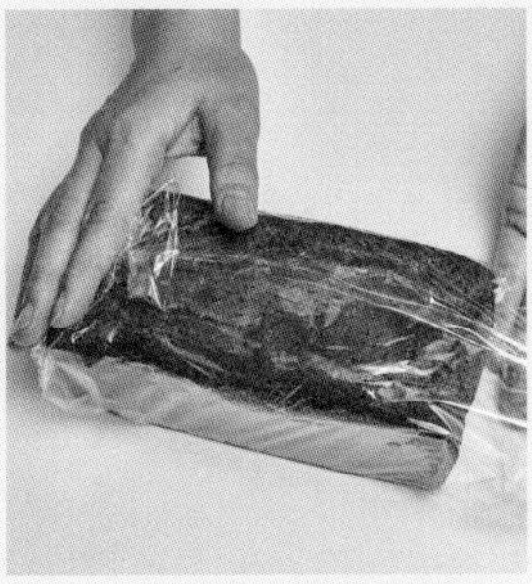

ラップで包み、密閉袋などに入れて冷蔵庫で保存する。2日以上おくとシロップが中までしっとりなじんでくる。

型準備

P47の「型の準備」Bを参照し、バターと粉で2層コーティングしておく。

材 料 長径約7.5cm・幅5cmのレモン型12個分

●キャトルキャール生地

無塩バター ……… 60g
はちみつ ………… 20g
オレンジの皮のすりおろし ……………… 1/3個分
オレンジピール … 30g
全卵 ……… 正味90g
砂糖 …………… 60g
ベーキングパウダー …… 2g
薄力粉 ………… 90g
コアントロー ………………… 約15g

●アイシング

粉糖 ……………… 75g
レモン汁 …………… 10g
オレンジの皮のすりおろし …………………… 少々
コアントロー ………… 5g

●トッピング

オレンジピール …………………… 適量

焼き時間の目安
180度12〜15分

キャトルキャール生地の上級アレンジ❶

小さな型で焼き上げ、薄いアイシングで仕上げる

Orange Cointreau Cake

オレンジとコアントローのケーキ

ふわっとした生地にオレンジピールを混ぜ込み、コロンとしたレモン型で1個ずつ焼き上げます。焼き上がりにオレンジ風味のリキュール「コアントロー」をしみ込ませ、オレンジ風味のアイシングで仕上げ、しっかりとオレンジ香るケーキに。

1 生地を作り型に入れる

P19～23「シトロン・ユズ」を参照し、ケーキ生地を作る。型に等分に分けて流し入れる。

2 焼いて型からはずす

180度のオーブンで12～15分焼く。P48を参照してそっと型から出す。

3 コアントローを塗る

焼きたてにコアントローを刷毛で1～2回塗ってさっとしみ込ませる。

4 アイシングを作る

粉糖にレモン汁、オレンジの皮、コアントローを加えて混ぜ、程よい固さに調節する。

オレンジの風味をつける

ここではレモンの皮、ユズピールのかわりに**オレンジの皮をすりおろし、オレンジピール（細かく刻む）で同様に生地を作る。**型の9分目まで流し入れる。

Q 焼き上がりの目安は?

A **生地が少し縮んで型からはがれている状態ならOK。**

焼き色がしっかりつき、型から**少し縮んではがれている状態になれば焼き上がり。**焼き上がってすぐに型からはずします。

Q コアロトローは、なぜ焼きたてにしみ込ませるの？

A **しみ込みやすく、アルコール分も飛ぶからです。**

冷めるとコアントローがしみにくくなります。**温かいうちにしみ込ませるとアルコール分が程よく飛び、よい風味だけが残ります。**乾燥しないようにベーキングペーパーなどをかぶせ、冷ましておきましょう。

Q アイシングの固さは？

A **塗り広げやすいくらいの固さにします。**

アイシングを塗ったとき薄く塗り広げやすいくらいの固さにします。**固すぎると厚塗りに、ゆるすぎると流れ落ちます。**

Q 塗るコツは？

A **パレットナイフを押し付けるように塗ります。**

厚すぎず均等に。ケーキの表面を削らないよう、**パレットナイフを軽く押し付けるように塗ります。**

5 アイシングを塗る

ケーキの表面にパレットナイフでアイシングを薄く塗る。

6 トッピングする

刻んだオレンジピールをのせ、170度のオーブンで2分ほど乾かす。

Q なぜオーブンで乾かすの？

A **余分なアイシングを落とし、表面を固めるためです。**

オーブンに入れて加熱することで、余分なアイシングが落ち、表面が固まります。乾かす時間が長すぎたり温度が高いと、アイシングが沸騰してカサカサになってしまうので注意しましょう。

断面

キャトルキャール生地の
上級アレンジ❷

生地にフレーバーをつけ、チョココーティングする

Cappuccino Cake

カプチーノケーキ

香り高い細挽きの深煎りコーヒーにインスタントコーヒーを加えることで、しっかりと「エスプレッソ」の香ばしさと風味を出します。そこにミルキーなホワイトチョコレートとシナモンパウダーをトッピングし、「カプチーノ」のようなケーキに。小さなパウンド型でアレンジすれば、プレゼントにおすすめです。

型準備

P47の「型の準備」Bを参照し、バターと粉で2層コーティングしておく。

材 料　直径16cmのプディング型（700㎤）1個分

エスプレッソ用コーヒー
深煎りにしたコーヒー豆を最も細かく挽いたエスプレッソ用のコーヒー。香りがよく出るので、ケーキ生地、クッキー生地に混ぜ込んだり、牛乳で煮出して生菓子に使ったりお菓子作りに最適です。

インスタントコーヒー
苦味を出すためにはインスタントコーヒーを使います。そのまま生地に混ぜ込むほか、水分で溶いてクリームに混ぜたり、塗り卵を着色したりといろいろな場面で活用できます。

●キャトルキャール生地
無塩バター ……… 50g
はちみつ ………… 16g
全卵 ……… 正味75g
砂糖 …………… 50g
ベーキングパウダー … 2g
薄力粉 ………… 75g
エスプレッソ用
細挽きコーヒー ……4g
なければインスタント
コーヒー2gで代用可
インスタントコーヒー
（粉末タイプ） …… 2g
シナモンパウダー … 適量

●ラムシロップ
砂糖 ………………… 8g
水 …………………… 8g
ラム酒 ……………… 8g

●デコレーション
コーティングチョコレート
（ホワイト） …… 約80g
コーヒー豆、
シナモンパウダー
………………… 各適量

焼き時間の目安
180度15分→
170度15〜20分

1 生地を作る

P19〜23「シトロン・ユズ」を参照し、ケーキ生地を作る。下記参照。

2 焼いて型をはずす

型に流し、180度のオーブンで15分、170度に落として15〜20分焼く。焼き上がったら型からはずす。

3 ラムシロップを塗る

砂糖と水をレンジで沸かし、混ぜて粗熱が取れたらラム酒を加え、焼き上がりにしみ込ませる。

4 ラップで包む

ケーキの粗熱が取れたらラップで包んで熟成させる。

5 コーティングする

コーティングチョコレートを湯せんで溶かし、上からスプーンなどで流しかけてコーヒー豆、シナモンパウダーをトッピングする。

コーヒーの風味をつける
ここでは薄力粉、ベーキングパウダーとともにエスプレッソコーヒー、インスタントコーヒー、シナモンパウダーを合わせてふるい入れて作る。同様に溶かしたバター、はちみつを合わせる（レモンの皮、ユズピールは加えない）。

Q 型をはずすタイミングは？

A **温かいうちにはずします。**

軽く粗熱が取れたらP48を参照して温かいうちにそっと型から出します。温かいうちはやわらかいのでくずれないように注意しましょう。

Q ラムシロップをしみ込ませるポイントは?

A **ケーキが温かいうちに塗ります。**

温かいうちに塗ると、しっとりと香りよく仕上がります。

◆好みでミニパウンドなどの小さい型で作ってもOK。その場合は焼き時間を調節します（左ページの写真奥は3つのパウンド型に分け、180度で25分ほど焼いて仕上げたもの）。同様にさっとラムシロップをしみ込ませ、熟成したらコーティングチョコレートなどで仕上げましょう。

Q 上手な熟成法は?

A **二重にしっかり包んで保管する。**

ラップをぴったりしてさらに密閉袋などに入れ、乾燥やにおいを防いで冷蔵庫で保存する。最低2日以上おくとしっとりしておいしくなる。

キャトルキャール生地の上級アレンジ❸

生地をＶ字にカットし、クリームとフィリングをサンドする

Espresso cake plain cream & rum raisins
エスプレッソケーキ　プレーンクリーム & ラムレーズン 上

Lemon cake pistachio cream & berries
レモンケーキピスタチオクリーム & ベリー 下

ふんわり焼き上げたキャトルキャールにＶの字のカットを入れ、クリームとフィリングをサンドしてよりリッチなケーキに仕上げました。ひとつはピスタチオグリーンのバタークリームにベリーを、もうひとつはエスプレッソ生地にクリームとラムレーズンをサンド。どちらも美しいカット面が目をひきます。

ピスタチオペースト
フレッシュなピスタチオだけをペーストにしたきれいなグリーンのものを使用。製菓材料店やネットショップなどで購入できる。残りは冷凍して保存可能。手に入らなければ加えずに作ってもよい。

ベリー 2種
味の要になっているのはドライクランベリー。ピスタチオはベリー類と相性がよい。粗く刻んでキルシュ適量をまぶしておくと香りがよくなる。フリーズドライストロベリーフレークは色どりのために入れるので、なければ省いてもよい。

型準備

P47の「型の準備」Ｂを参照し、バターと粉で2層コーティングしておく。

材 料
ふちのサイズ19cm×8cm の
レーリュッケン型（740㎤）
1本分

レモンケーキ　ピスタチオクリーム&ベリー

●キャトルキャール生地
- レモンの皮のすりおろし　1/2個分
- 無塩バター　……　60g
- はちみつ　……　20g
- 全卵　……　正味90g
- 砂糖　……　60g
- 薄力粉　……　90g
- ベーキングパウダー　……　2g

●キルシュのポンシュ
- キルシュ　……　10g
- 水　……　10g

●アングレーズソースのバタークリーム
ここから 1/3 量使う
- 牛乳　……　60g
- 砂糖　……　30g
- 卵黄　……　1個分
- 無塩バター　……　90g

- ピスタチオペースト　……　15g

●具材
- ドライクランベリー　……　25g
  粗く刻む
- キルシュ　……　適量
- フリーズドライストロベリーフレーク　……　2～3g

●トッピング
- 溶けない粉糖　……　適量

焼き時間の目安
180度15分→180度15分

レモンケーキ ピスタチオクリーム & ベリーサンドを作る

1 生地を作り焼く

P19 ～ 23「シトロン・ユズ」を参照し、ケーキ生地を作る（ここではユズピールは加えない）。同様に焼き、十分冷やしておく。

2 アングレーズソースを作る

卵黄と半量の砂糖をよくすり合わせる。残りの砂糖と牛乳を小鍋で沸かし、卵黄のボウルへ半量入れて混ぜる。

3 鍋に移す

2を牛乳と砂糖の入った小鍋に戻して弱火にかける。

4 煮る

耐熱のゴムベラなどでつねに混ぜながら加熱する。軽くとろみがついたら（82 ～ 83度）火を止める（アングレーズソース出来上がり）。

5 冷ます

すぐにボウルにあけ、ボウルごと氷水に当てて十分に冷ます。

6 バターをやわらかくする

バターをマヨネーズくらいのやわらかさにし、ハンドミキサーでなめらかにする。

7 ソースを加える

冷ましたアングレーズソースを3 ～ 4回に分けて加え、その都度ハンドミキサーでよく混ぜる。

8 乳化させる

なめらかに乳化すればバタークリームの出来上がり。そこから1/3量を取り分ける（約60g）。

Q 焼きたてよりもおいたほうがよい？

A **おくことで生地が締まり、切りやすくなります。**

焼き上がったら温かいうちにラップに包み、一晩冷蔵庫に入れておきます。そうすると生地が締まってカットしやすくなります。

Q どんなバタークリーム？

A **くちどけのよい軽いクリームです。**

卵黄と牛乳で作るアングレーズソースにバターを混ぜ込んで作るソースです。水分の多いバタークリームなので、生地にサンドしても軽くてくちどけがよいのが特徴。ここでは作りやすい分量で作り、そこから1/3量のみ使用します。残りは冷凍保存可。

Q 加熱のポイントは？

A **弱火で混ぜながらとろみをつけます。**

火が強いとすぐにダマができるので、**弱火で混ぜながらポタージュくらいの軽くとろみがつくまで加熱します。**加熱が足りないとクリームが分離しやすかったり卵臭さが残ったりするので注意しましょう。

Q ソースはどのくらい冷ます？

A **ひんやりと感じるまで冷まします。**

バターと混ぜ合わせる場合、温かいとバターが溶けてしまうので、**ひんやりと感じる15 ～ 10度まで冷まします。**

9 ピスタチオ味にする

取り分けたバタークリームにピスタチオペーストを加えてよく混ぜる。

10 目印をつける

生地を縦にして、波刃のナイフでV字になるように切る場所に目印を入れる。

11 横にして切り込みを入れる

片側にナイフを斜めに入れ、その角度のままふちに沿って小刻みに上下させながら手前にカット。端まで突き抜けるように切る。

12 上下に切り分ける

180度回して逆サイドも同様にカットし、上下2つにそっと分ける。

17 ラップする

このままラップで包んで冷蔵庫で1日休ませる。

18 トッピングする

粉糖をふって仕上げる。真ん中に定規などをのせ、粉糖をシュガーシェイカーや茶こしでふって仕上げる。

Q どうして休ませる？

A 生地とクリームをなじませるためです。

ラップでぴったりと包むことで形を整え、生地とクリームをしっかりと密着させてなじませます。なじませるために必ず冷蔵庫で保存し、1日以上おきましょう。

Q バタークリームにするバターはどのくらいのやわらかさにする？

A 楽に泡立て器で混ぜられるくらいのやわらかさにします。

P11を参照し、ハンドミキサーで**クリーミングできるくらいのなめらかさにします。**

Q バタークリームのポイントは？

A 白っぽくなるまでよく攪拌します。

バターをよく攪拌し、白っぽくなったらアングレーズソースを1/3量加えてよく攪拌します。一度分離しますが、**さらによく攪拌すると乳化します。**混ざってから次のアングレーズソースを加えて混ぜる、を繰り返します。

Q 生地カットのポイントは？

A シンメトリーにカットします。

まず両端にナイフの先でV字の目印をつけます。Vの先はケーキの底面から1cmくらいのところ。**カットが浅いとクリームの全量をサンドできなくなるので注意。**

13 ポンシュをしみ込ませる

キルシュのポンシュの材料を合わせ、刷毛でV字の両サイドのカット面にしみ込ませるように塗る。生地をこわさないようそっとしみ込ませるようにする。

14 クリームを塗る

ピスタチオのバタークリームを下側の生地のカット面にパレットナイフで片側ずつ塗っていく。

15 具を散らす

クリームの上に、粗く刻んでキルシュをまぶしたドライクランベリー、フリーズドライストロベリーフレークをまんべんなく散らす。

16 生地を重ねる

クリームを塗って具を散らした生地の上に、はずしていた生地にもポンシュをしみ込ませ、重ねてサンドする。

Q なぜポンシュをしみ込ませるの？

A **お酒の風味をつけ、しっとりさせるためです。**

ポンシュをしみ込ませることでリキュールの香りがつき、**生地とクリームがしっとりとなじみやすくなります。**

Q 生地を重ねるときのポイントは？

A **のせて軽く押さえます。**

山型にカットした面にもポンシュをしっとりとしみ込ませたら、**裏返してそっと重ね、軽く押さえて密着させます。**押しすぎると形がくずれるので注意を。

エスプレッソケーキ　プレーンクリーム & ラムレーズンの場合

●キャトルキャール生地

- 無塩バター …… 60g
- はちみつ …… 20g
- 全卵 …… 90g
- 砂糖 …… 60g
- 薄力粉 …… 90g
- ベーキングパウダー …… 2g
- エスプレッソ用の細挽きコーヒー …… 4g
- インスタントコーヒー（粉末タイプ） …… 2g
- シナモンパウダー …… 適量

●ラム酒のポンシュ

- ラム酒 …… 10g
- 水 …… 10g

●アングレーズソースのバタークリーム　ここから 1/3 量使う

- 牛乳 …… 60g
- 砂糖 …… 30g
- 卵黄 …… 1個分
- 無塩バター …… 90g

●具材

- ラムレーズン …… 35g 粗く刻む

●トッピング

- 溶けない粉糖 …… 適量

◆生地は P30のカプチーノケーキと同様に作り、レーリュッケン型で同様に焼く。V 字にカットしたらラム酒のポンシュをしみ込ませる。

アングレーズソースの**バタークリームはプレーンのまま約60g 使う。**刻んだラムレーズンを散らし、サンドする。

Pain de Gêne Coco Ananas

基本生地
パンドジェーヌ
ココ・アナナ

アーモンドとココナッツ、パイナップルをたっぷり加えて焼いた
風味豊かな生地をラムアイシングで仕上げます。

動画レッスンはこちら

断面

型準備

P47の「型の準備」Dを参照し、型の底、側面にやわらかくしたバター（分量外）を少し厚めに塗り、アーモンドスライスを散らして貼りつける。冷蔵庫に入れておく。

材料 ふちが直径15cm・高さ5cmマンケ型（約710㎤）1台分

アーモンドスライス（型用）……適量

●パンドジェーヌ生地

- アーモンドパウダー……90g
- 粉糖……45g
- はちみつ……20g
- 全卵……正味60g
- 卵黄……1個
- レモンの皮のすりおろし……1/3個分
- 卵白……1個分（約40g）
- 砂糖……20g
- 薄力粉……15g
- コーンスターチ……15g
- ベーキングパウダー……2g
- 無塩バター……50g

●具材

- ココナッツロング（細かく刻む）……10g
- ドライパイナップル……60g

●デコレーション

- あんずジャム（裏ごしタイプ）……約80g

●ラム酒のアイシング

- 粉糖……60g
- ラム酒……約15g

●トッピング

- ココナッツロング、ドライパイナップル、ピスタチオ……各適量

焼き時間の目安
170度30〜35分

◆仕上げに使う あんずジャムについて

焼き菓子の仕上げにつやを出し、薄く均一に塗りやすいのは、製菓材料店で購入できる裏ごしタイプが便利。果実入りを使うときは、茶こしで裏ごしてから使うとよい。

1 パイナップルを湯で戻して刻む

生地用のドライパイナップルを容器に入れて湯を注ぐ。10分おき、水気をよく切り、キッチンペーパーに並べて30分以上おいてから刻む。

2 バターを溶かす

バターを容器に入れて500〜600Wのレンジに20〜30秒かけて溶かす。

Q ドライパイナップルはなぜ湯戻しするの？

A **ソフトな食感にするため。**

ドライパイナップルは、そのままだと食感が固く生地になじまないので、**やわらかく戻します。**生地全体にいきわたるよう粗みじん切りにしましょう。

Q バターはどのくらいの温度に？

A **40〜45度くらいにしておきます。**

冷めていると生地に混ぜ込みにくくなるので、**溶かしたらそのまま保温しておきます。**溶かし方はレンジ、湯せんどちらでもOK。

5のポイント
まずは半量のメレンゲを混ぜる

のちに入れる粉類を混ざりやすくするために、まずは半分のメレンゲをざっと合わせておきます。**ここではしっかり混ざりきらなくて大丈夫です。**

3 生地を作る

アーモンドパウダー、粉糖、はちみつ、全卵、卵黄、レモンの皮をハンドミキサーの中速で泡立てる。

4 メレンゲを作る

別のボウルで卵白を泡立てる。途中で砂糖を2回に分けて加える。

5 メレンゲを加える①

3の生地にメレンゲを半量加え、ゴムベラでざっと混ぜる。上記参照。

6 粉類を入れる

薄力粉、コーンスターチ、ベーキングパウダーを粉ふるいに合わせて5のボウルに直接ふるい入れる。

Q 生地はどのくらい泡立てる？

A **白っぽくなるまで泡立てます。**

白っぽくなり、もったりとしてくるまで十分泡立てます。ふんわりとした焼き上がりに仕上げるためのポイントです。

Q メレンゲはどのくらい泡立てる？

A **ツノが立つまでしっかり泡立てます。**

砂糖は2回に分けて加えることがポイントです。まずは卵白だけを泡立て、少しボリュームが出てきたら1回目の砂糖を加えて泡立て、少ししたら2回目を加えます。**しっかりとツノが立つくらいの固いメレンゲに泡立てましょう。**

Q なぜコーンスターチも入れるの？

A **軽さと歯切れのよさを出すためです。**

薄力粉だけでなく**コーンスターチを半量入れることで、生地に軽さと歯切れのよさをつけます。**

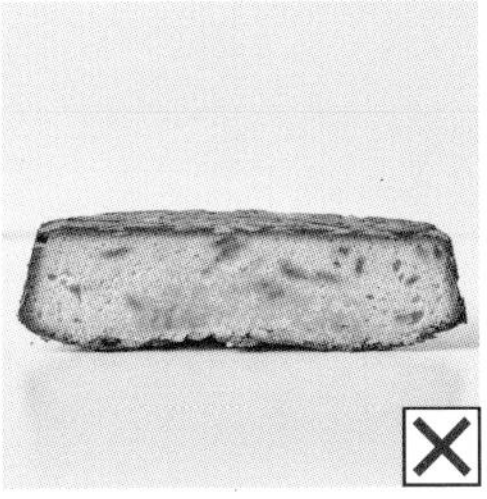

×失敗例1　**生地が膨らまない**

●原因　**混ぜすぎでメレンゲの気泡を消してしまったから。**

生地の混ぜ合わせ方で膨らみが変わってきます。メレンゲの気泡を必要以上に消さないように丁寧に混ぜるとふんわり膨らむ。**溶かしバターは気泡を消しやすいので、特に最後は混ぜすぎに注意。**

7 混ぜる

全体を大きく混ぜる。

8 メレンゲを加える②

残りのメレンゲをすべて加えて混ぜる。下記参照。

9 バター、具を入れる

2の溶かしバター、刻んだココナッツロング、ドライパイナップルを加える。

10 混ぜる

ボウルの底からすくい上げるように混ぜ合わせる。

Q 混ぜ方のポイントは？

A **ボウルの底からすくい上げるようにして混ぜます。**

粉類は下にもぐっていくので、**ゴムベラでボウルの底からすくい上げるようにして混ぜます。**ここでもやっと粉っぽさがなくなるくらいでOK。

8のポイント

丁寧に混ぜる

ゴムベラをボウルの底からすくい上げるようにして全体を大きく丁寧に合わせ、気泡を消さないように混ぜます。**ほんの少しメレンゲのすじが残っている程度でOK。**

Q バターを温かくして加えるのはなぜ？

A **生地に混ざりやすくするためです。**

温度が低いと生地と混ざりにくく、メレンゲの気泡を余計に消してしまい、膨らみの悪い生地になります。加える直前に溶かしバターの温度（45度くらい）を確認して、**冷めていたら温めなおすようにしましょう。**

Q 溶かしバターを生地に合わせるポイントは？

A **やっと混ざったくらい、混ぜすぎには注意。**

溶かしバターは重く下に沈んでいってしまうので、上ずみだけでなく**必ず下から合わせるようにします。溶かしバターがやっと混ざったくらいでOK。**バターの油分はメレンゲの気泡を消す作用があるので、**丁寧に合わせ、混ぜすぎないようにしましょう。**

12 のポイント

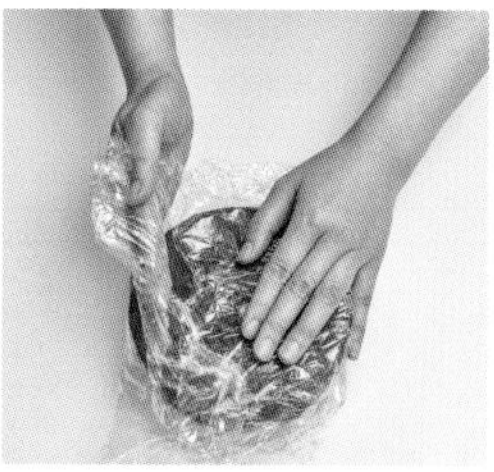

ラップで包み熟成させる

粗熱が取れたらラップでぴったりと包み、密閉袋などに入れます。可能なら１～２日保管し、熟成してから仕上げるのがおすすめです。

×失敗例２

ジャムがきれいに塗れない

●原因

ジャムが溶け切れていなかったり、重ね塗りをしたから。

ジャムは、2割程度の水を加えて中火にかけ、一度沸騰させて完全に溶かす。また、**塗るときにベタベタ何度も塗ると凸凹のムラができてきれいに仕上がらない。**

11 型に入れる

準備した型に生地を流し、170度のオーブンで30～35分くらい焼く。

12 焼き上がり

焼き上がったらP48を参照してそっと型からはずし、粗熱を取る。上記参照。

13 仕上げ用のジャムを作る

あんずジャムにジャムの2割程度の水を加えて中火にかけ、混ぜながらグツグツと沸騰させる。

14 ジャムを塗る

熱いうちに手早く刷毛で上面、側面をムラなく薄く塗る。

Q アーモンドスライスをはがれにくくするには？

A 型にバターを厚めに塗ってからアーモンドスライスを貼りつけます。

バターを少し厚めに型に塗り、アーモンドスライスを貼りつけたら冷蔵庫で冷やします。

Q 焼き上がりのチェックは？

A 焼き色と弾力をチェックします。

焼き色が全体につき、真ん中を軽く触ると弾力がある状態です。または竹串を刺してなにも生地がついてこないようなら焼き上がりです。

Q ジャムを煮溶かすポイントは？

A ジャムの2割程度の量の水を加えて煮溶かします。

加える水の量はジャムにもよりますが、ジャムの**2割程度を目安にすればOK。必ず全体がしっかりと沸騰し、完全に液状になるまで溶かしましょう。**

Q 美しく仕上げるポイントは？

A ジャムは温かいうちに均等にのばします。

刷毛を少し寝かしてスーッと薄く均一にのばすようにします。もしジャムが冷めて固まってきたらもう一度煮溶かします。固まってきたものを無理に塗ると厚塗りになり、ムラが出るので注意しましょう。

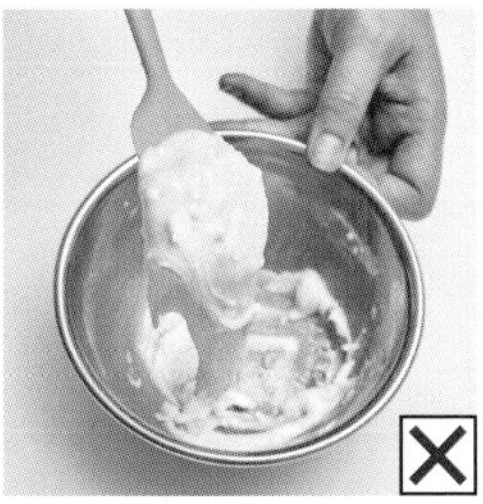

✕失敗例3

アイシングがうまく塗れない

●原因

アイシングが固くてのびにくいから。

固いと塗りにくく、薄いと生地に吸収してしまうアイシング。固いと厚塗りになり、甘すぎる仕上がりに。**ジャムに重ねて塗るときも、層になるので注意。**アイシングは適度な薄さで塗れば美しく仕上がる。

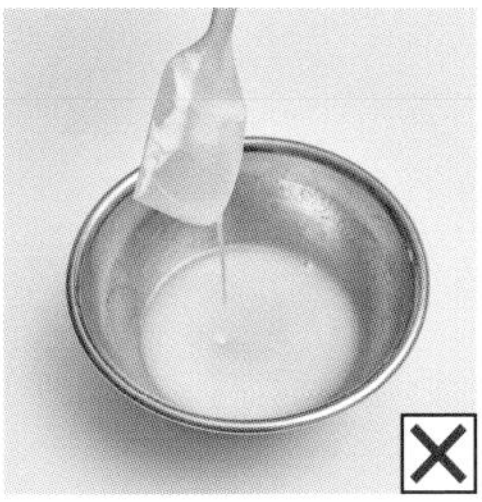

✕失敗例4

アイシングがゆるい

●原因

粉糖の量に対してラム酒の量が多いため。

ゆるすぎると流れ落ちたり、生地に吸収されてしまうので注意。アイシングがやわらかすぎるときは粉糖を少し加えて調節する。

15 ラム酒のアイシングを作る

粉糖とラム酒を混ぜてラム酒のアイシングを作る。

16 ラム酒のアイシングを塗る

14のあんずジャムが固まったら、上、側面に薄くラム酒のアイシングを塗る。

17 トッピングする

ケーキの足元にココナッツロングをぐるっと一周つけ、上面にはドライパイナップルとピスタチオをランダムにのせる。下記参照。

18 乾かす

170度のオーブンに2分ほど入れてアイシングを乾かす。

Q ラム酒のアイシングはどのくらいの固さにする？

A **つながって落ちるくらいにします。**

すくい上げるとやっとつながって落ちるくらいの固さに。**固すぎるときはラム酒を少量加えて調節します。**

Q 上手にアイシングを塗るには？

A **パレットナイフを寝かせて軽く押し付けて塗ります。**

まず上面から、次に側面の順に。下に塗ってあるあんずジャムを削らないように注意しながら、**パレットナイフを寝かせて軽く押し付けるように**して薄く塗ります。

17 **のポイント**

トッピング用はドライのままで

トッピング用のドライパイナップルは湯戻ししないでそのままカットして使います。

Q どうしてオーブンで乾かすの？

A **透明感が出て美しく仕上がります。**

オーブンに入れると表面に糖衣ができ、透明感が出て美しく仕上がります。加熱しすぎるとアイシングが**ブクブクと沸騰してしまいます。**

パンドジェーヌ生地の
シンプルアレンジ

フルーツをはさんで焼き込み、アイシングでシンプルに仕上げる

Marguerite Orange

金柑とオレンジのマルグリット

基本のパンドジェーヌ生地にオレンジフレーバーをつけ、可愛らしいマルグリット型で焼き上げます。中には金柑のコンポートをはさみ、さわやかな柑橘の酸味と食感をプラスしました。コアントローアイシングは上面だけに塗り、甘さを抑えたシンプルなデコレーションに。

断 面

型準備

P47の「型の準備」Dを参照し、型の底、側面にやわらかくした無塩バター（分量外）を少し厚めに塗り、アーモンドダイスをまぶして冷蔵庫に入れておく。

材 料　ふちが直径17cm マルグリット（マーガレット）型（約700㎤）1台分

アーモンドダイス（型用）適量

●パンドジェーヌ生地
- アーモンドパウダー …… 90g
- 粉糖 …… 45g
- はちみつ …… 20g
- 全卵 …… 正味60g
- 卵黄 …… 1個分
- オレンジの皮すりおろし …… 1/3個分
- 卵白 …… 1個分（約40g）
- 砂糖 …… 20g
- 薄力粉 …… 15g
- コーンスターチ …… 15g
- ベーキングパウダー …… 2g
- 無塩バター …… 50g
- 金柑のコンポート … 4～5個
  P71参照。市販品でもよい

●コアントローアイシング
- 粉糖 …… 40g
- コアントロー …… 約10g
  ホワイトキュラソーやグランマルニエでもよい

●トッピング
- 金柑のコンポート（p71 参照。市販品でもよい）、ピスタチオ、溶けない粉糖 …… 各適量

焼き時間の目安
170度30～35分

●生地を作る

P37 ～ 39を参照してパンドジェーヌ生地を作る。ここではレモン皮のかわりにオレンジの皮で作り、ドライパイナップル、ココナッツは加えない。

下準備のポイント
具の水気を取る
金柑のコンポートはざるにあけて水気をよく切り、1個を3 ～ 4枚の輪切りにします。キッチンペーパーに並べて30分以上おきます。

4のポイント
型底を使って粉糖をふる
型の底板や紙を丸くカットしたものを真ん中にのせ、**溶けない粉糖をシュガーシェイカーや茶こしでふちにかけます。**そっと底板を取り除きます。

1 金柑を並べる

準備した型に生地の220gを平らに流し、金柑を真ん中に並べる。

2 サンドする

残りの生地を金柑の上に流してならす。170度のオーブンで30 ～ 35分焼き、P48を参照して型からそっと出す。ラップに包んで1日熟成する。

3 コアントロー アイシングを塗る

粉糖とコアントローを混ぜてゆるめのアイシングを作り、上面だけ塗る。170度のオーブンで2分ほど乾かし、冷ます。

4 トッピング

ふちに粉糖をふって仕上げる。カットした金柑、ピスタチオを飾る。上記参照。

Q 具をはさむポイントは？

A 薄めにスライスします。

厚切りやかたまりのまま具をはさむと沈みやすいので、**薄めにスライスして広げてはさみます。水っぽいと火が通りにくくなり、生焼けになるのでしっかり水気を切っておくことがポイント。**サイドに具が出ると型につき、型離れが悪くなるので、少し内側にのせるようにしましょう。

Q 焼き上がりの見極めは？

A 真ん中を触って軽く弾力があればOK。

しっかりと焼き色がつき、真ん中を触ると軽く弾力があり、型から少し生地がはがれている（焼き縮みをしている）ようなら焼き上がりです。

◆直径7cmのプティマルグリット型（デイジー型）でも同様のレシピで10個作れます。ただし焼き時間は17 ～ 20分くらいになります。

Q アイシングを塗るポイントは？

A 上面だけにパレットナイフで薄く塗ります。

粗熱が取れたらラップをして1日以上冷蔵庫または冷暗所におきます。**粉糖とコアントローを混ぜてゆるめのアイシングを作り、上面だけに薄く塗ります。**アイシングの固さはコアントローと粉糖で調節しましょう。塗り終えたら170度のオーブンに2分ほど入れて乾かし、透明感を出します。

パンドジェーヌの上級アレンジ❶

りんごのフィリングを作ってサンドし、赤いジャムとアイシングで仕上げる

Pain de Gêne au Pomme

りんごとラズベリーのパンドジェーヌ

ラズベリーピュレとアイシングで真っ赤なビジュアルが印象的なパンドジェーヌ。中にサンドしたりんごもラズベリーコンポートにしてあるので、りんごの食感とベリーの酸味が合わさり、しっとりとした焼き上がりになります。

型準備

P47の「型の準備」Dを参照し、型の底、側面にやわらかくした無塩バター（分量外）を少し厚めに塗り、アーモンドスライスをまぶして、冷蔵庫に入れておく。

◆P71を参照してりんごとラズベリーのコンポートを作り、ここから70g使用する。りんごのカットが大きいと生地にはさんで焼いたとき沈みやすくなるので、薄め（5～6mm）にスライスすること。煮詰めるときは十分水分を飛ばして一晩おいてじっくり味をしみ込ませる。水っぽいと生地が生っぽい仕上がりになるので注意する。

材料 ふちが直径16cmのフラワー型（約710㎤）1台分

アーモンドスライス（型用）…適量

●パンドジェーヌ生地
- アーモンドパウダー…90g
- 粉糖……45g
- はちみつ……20g
- 全卵……正味60g
- 卵黄……1個分
- レモンの皮のすりおろし……1/3個分
- 卵白……1個分（約40g）
- 砂糖……20g
- 薄力粉……15g
- コーンスターチ…15g
- ベーキングパウダー…2g
- 無塩バター……50g

焼き時間の目安
170度30～35分

●りんごとラズベリーのコンポート
（下記から70g使用。作り方はP71参照）
- 紅玉りんご……1/2個（約100g）
- ラズベリーピュレ…20g（りんごの20%の重さ）
- 砂糖……15g（りんごの15%の重さ）
- シナモンパウダー…少々

●赤いジャム
- あんずジャム（裏ごしタイプ）……80g
- ラズベリーピュレ……16g

●アイシング
- 粉糖……40g
- レモン汁……8～10g

1 生地を入れる

生地を220g入れて、ならす。

2 コンポートを入れる

生地の上、真ん中あたりにりんごとラズベリーのコンポート70gを並べる。

3 生地を入れる

残りの生地を流してならす。170度のオーブンで30～35分焼く。

4 型からはずす

型から出し、ラップ、密閉袋で二重に包んで冷蔵庫で1～2日熟成させる。

●生地を作る

P37～39を参照してパンドジェーヌ生地を作る。ここではドライパイナップル、ココナッツは加えないで同様に作る。

Q コンポートの並べ方は？

A 広げるように中央に並べます。

かたまりのまま具をはさむと沈みやすいので、スライスを広げるようにして並べます。のせすぎや水っぽいままのせると生焼けになるのでしっかり水気を切ってからにしましょう。サイドに具が出ると型につき、型離れが悪くなるので、**中央にのせるように並べます。**

Q 焼き上がりの目安は？

A 真ん中を触って軽く弾力があればOK。

しっかりと焼き色がつき、真ん中を触ると軽く弾力があり、型から少し生地がはがれている（焼き縮みをしている）ようなら焼き上がりです。

Q 型からの出し方は？

A 型を傾けて横をトントンとたたきます。

P48を参照して**型を傾けて横をトントンとたたき、ベーキングペーパーの上に逆さにあけて型からそっと出します。**粗熱が取れたらラップをして1日以上冷蔵庫または冷暗所におきましょう。

断面

6、7 **のポイント**

重ね塗りはどちらも薄く

刷毛を寝かせるようにして上面、次に側面に薄く塗ります。ジャムとアイシングを重ねて塗るので、**どちらも薄めに、均等に塗りましょう。**特にこの形は中心にアイシングがたまりやすいので注意します。

5 ジャムを煮る

あんずジャムにラズベリーピュレを加えて中火にかける。沸騰させて完全に液体にする。

6 ジャムを塗る

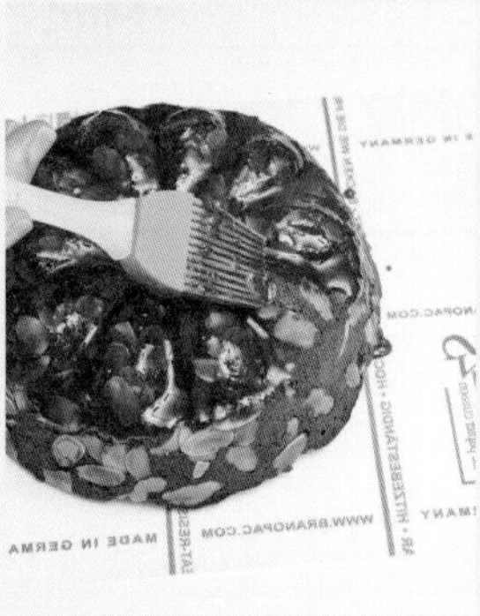

刷毛を寝かせて全体に薄くジャムを塗る。上記参照。

7 アイシングを塗る

粉糖とレモン汁をよく混ぜてゆるめのアイシングを作り、全体に薄く塗る。上記参照。

8 乾かす

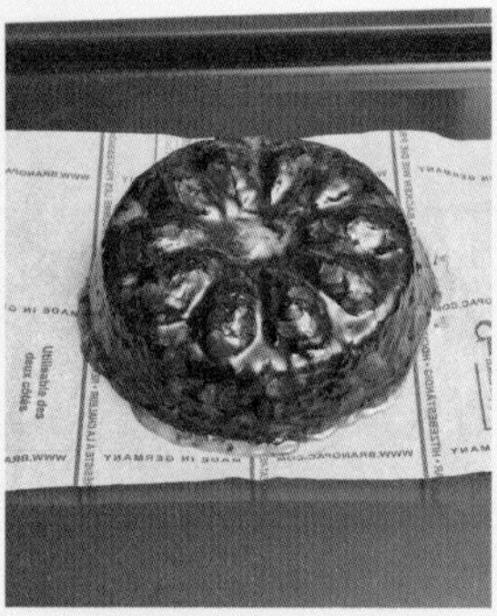

170度のオーブンに2分ほど入れて乾かす。

Q なぜラズベリーピュレを加えるの？

A **仕上がりにもラズベリーの色と味を表現するためです。**

ラズベリーコンポートにしたりんごを焼き込んでいるので、仕上がりもラズベリーの色と味を表現するとオシャレです。色味がくすんでいるジャムは、ほんの微量の食紅を加えると発色がよくなります。

Q 美しく仕上げるポイントは？

A **ジャムを均等に塗ります。**

刷毛を少し寝かせスーッと薄く均一にのばすように塗ります。もし煮溶かした**ジャムが冷めて固まってきたらもう一度煮溶かします。**刷毛でペタペタと塗るようにすると、凸凹が出るので注意します。上記参照。

Q どうしてオーブンで乾かすの？

A **オーブンに入れると表面に糖衣ができ、透明感が出てきれいに仕上がります。**

加熱しすぎるとアイシングが沸騰するので、どこか1か所プクッと沸騰してきたらすぐにオーブンから出す程度にしましょう。出来上がったら乾燥しないように容器に入れ、**冷暗所または冷蔵庫で保管します。**上記参照。

basic lesson

●型の準備

焼き菓子の生地を流して焼くときは、焼き上がりにきれいに型から抜けるよう、しっかりと準備をしておきます。型の形状やお菓子の生地によって準備の仕方が変わります。

Aバターを塗る…フィナンシェ生地など

やわらかくしたバターを指または刷毛で隅々まで塗り、冷蔵庫でバターを冷やし固めておく。

隅々までバターを塗るには、シリコンではない刷毛のほうが塗りやすい。

Bバターを塗って粉をまぶす…キャトルキャール、バターケーキ

やわらかくしたバターを指または刷毛で隅々まで塗り、冷蔵庫でバターを冷やし固める（そのまま粉をまぶすと溶けたバターに粉が吸われ、たくさん粉がついてしまうので注意）。バターが冷えて固まったら型を傾けながら全体に粉をまぶし、ベーキングペーパーの上などで逆さにし、台に打ちつけるようにして余分な粉を落とす。再び冷蔵庫に入れて冷やしておく。

粉を入れた型を傾けながら、まんべんなく全体に薄くつくようにまぶす。

台に打ちつけ、余分な粉を落とす。粉が厚くついているとお菓子のおいしさが半減する。

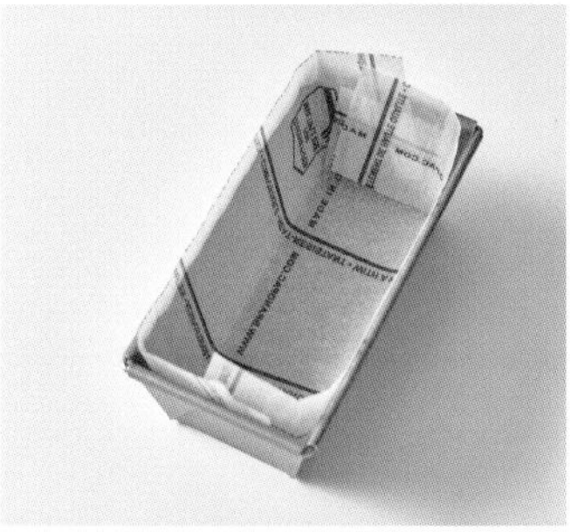

Cベーキングペーパーを敷く…パウンド型で焼くバターケーキ生地など

型の底面積と高さの分の大きさにベーキングペーパーをカットし、さらに４か所切り込みを入れ、型にぴったりと敷き込む。フィットしにくいときは、バターをのりがわりにして型に貼りつけてもよい。

型の形に添ってペーパーに折り目をつける。

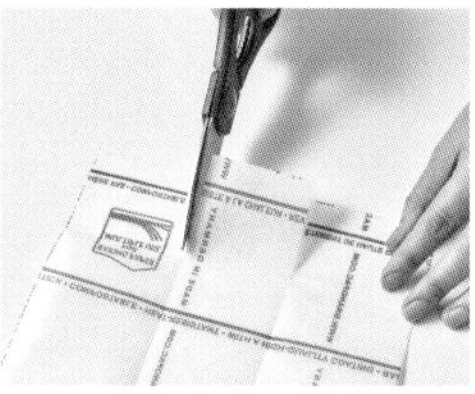

ハサミで切る。

Dバターを厚めに塗り、ナッツをつける

やわらかくしたバターを刷毛で少し厚めに塗る。アーモンドスライスやダイスを入れ、型を傾けたり回したりしてまぶし、逆さにして余分を落とす。ただし台に打ちつけないように（せっかくついたナッツが落ちてしまう）。冷蔵庫でバターを冷やし固め、ナッツを固定する。

バターを厚めに塗る。

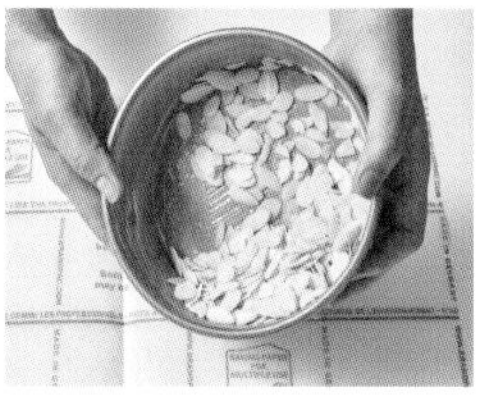

型を回しながらナッツをつける。

◎タルト生地は基本的に型の準備は不要

パートシュクレやパートブリゼは油分が多くて水分が少なく、焼いても型に生地がつきにくいので型の準備は不要。ただしパートブリゼの場合、コーティングのないタルト型を使うときや、混ぜ具合によっては生地が型につくことがあるので、内側に薄くバターを塗るとよい。

◎タルトリングは底になるベーキングペーパーやシルパンを用意

タルトリングを使用するときは、一回り大きく切ったベーキングペーパーの上にのせて生地を敷き込む。ペーパーごと冷蔵庫で休ませてからそのまま天板にのせて焼くか、本体だけ天板に敷いたシルパンやベーキングシートに移して焼く。

シルパンは網状になっているのでタルトの底の穴あけは不要。余分な油分が落ち、蒸気が抜けるのでクッキングペーパーよりサクサクに生地が焼き上がる。

●型のはずし方

せっかく上手に焼けても、型がきれいにはずせなかったらがっかりです。まずは傾けて少しずつはがしていくのがベスト。焼けたらすぐか、軽く粗熱が取れたころにはずします。

◆バターと粉、またはバターとナッツで準備した型の場合

型の抜き方は、パンドジェーヌの動画レッスンで紹介しています。

1

オーブンから出て数分おいて粗熱を取る（冷めてからはきれいに出しにくい）。

2

ふちから焼き縮んで少し型からはがれてくる。はがれていない部分は軍手をした指先でそっと内側に引っ張るように押しはがす。

3

斜めに持ち、下からポンポンとたたいては少し型を回し、一周ぐるっとたたいていく。

4

お菓子自身の重みで上から少しずつはがれ、傾けたままたたくとお菓子がずれて動くようになる。

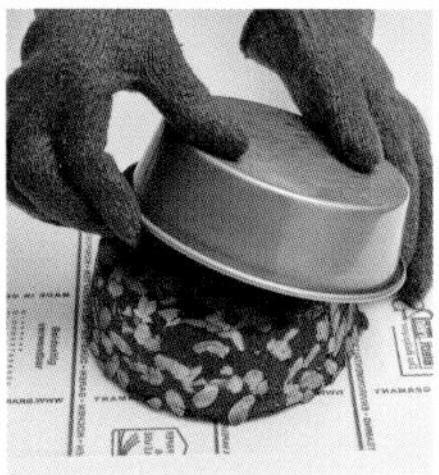

5

まな板やトレーなどを当て、型ごとひっくり返す。そっと型をはずす。

●型の選択

同じ形の型でも、材質の違いやコーティングの有無、微妙な形の違いなどさまざま。それぞれのメリット、デメリットを知り、自分に合ったものを選択しましょう。

◆シリコン製 vs 金属製

マドレーヌやフィナンシェ型には同じような形でもシリコン製や金属製のものがある。金属製は熱伝導がよく焼き色が美しいが、型の準備や手入れも必要。シリコン製は薄くバターを塗るだけの準備で、型抜けもよく手入れも簡単。しかし焼き色は薄めでムラになる場合も。**抹茶生地のようにあまり焼き色をつけたくないときは適している。**

◆タルトリングvs底取れタルト型（菊型）

タルトリングは直接天板に底生地がのるので下からも火が入り、香ばしく焼ける半面、底がないので移動がしにくく初心者には難しい場合も。底が取れるタイプのタルト型はふちが広がっているので、生地が敷き込みやすく移動も簡単。側面の凸凹の手入れは少々面倒。

◆型のアレンジ

この本ではいろいろな種類の型を使用しているが、同じ型でなくても**体積が同じであればレシピ通りの分量**で作れる。型の体積は**「型に水を入れて重量（=体積）を量る」**方法がおすすめ。体積が違うときは**型の体積比を計算すれば、必要な生地の分量も同じ比で割り出す**ことができる。ただし、大きさが違うと焼き時間が変わるので、実際に焼き上がりの状態を確認しながら調節すること。

※レシピ分量の換算例

パウンド型（670㎤）を使うレシピ

手持ちのパウンド型（340g の水が入った＝およそ340㎤）を使って作る場合

体積比は2:1なので、レシピの分量もすべて半量にして作る。

ただし焼き時間は半分ではなく、焼き上がりの状態を確認して調節するように（おおよそ7 ～ 8割の時間になる）。

※この本ではレシピを割り出すときの参考になるよう、ほぼすべての使用する型に体積の目安を表記しています。

生地、焼いたお菓子の保存方法

せっかく焼き上げたお菓子はおいしいまま保存したい。また生地の段階で保存しておけば、食べたいときにさっと焼くことも。冷蔵、冷凍を上手に使い分けるワザを紹介します。

◆生地の保存

パートシュクレやパートブリゼなどのタルト生地や、クレームダマンド（P92）は冷凍向き。ポリ袋やラップで包み、さらに密閉袋などに入れ二重にして冷凍可能。賞味期限は２週間ほどで、解凍はゆっくり冷蔵庫で。キャトルキャール、パンドジェーヌ生地のように卵を泡立てて作る生地、バターケーキ生地のようにバターをクリーミングして作る生地、マドレーヌ、フィナンシェ生地のように水分の多い生地は冷凍には不向き。

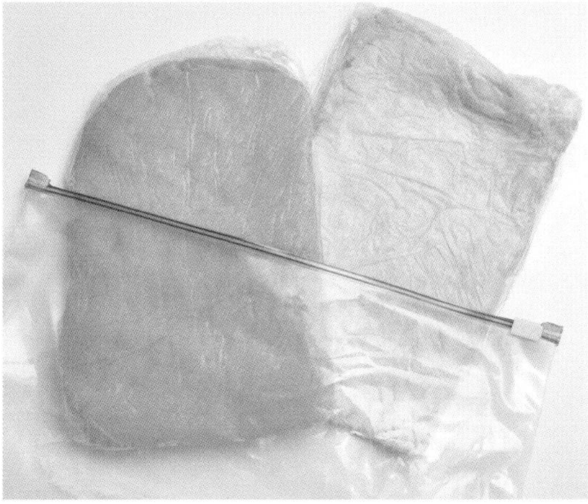

◆焼いたお菓子の保存方法

タルト類は密閉容器に入れ、暑い時期は冷蔵庫、その他の時期は冷暗所で保存。キャトルキャールやバターケーキ、パンドジェーヌ生地は焼きたてより１～２日おいたほうがおいしくなるので、仕上げをする前の段階でぴったりラップをして密閉袋に入れるか、密閉できる容器に入れて冷蔵・冷凍庫で保存し、解凍は冷蔵庫で。

●焼き菓子をきれいにカットする

焼き菓子をカットするのは波刃のナイフがおすすめ。よく切れるパン切り包丁でも。

カットするときは断面を押しつぶさないよう、のこぎりのように軽く前後にひきながらまっすぐカットする。一度ナイフについたクズはぬぐい取り、次をカットする。

あんずジャムやチョコレートがコーティングされているものなどは、ナイフをガス台の火で軽くあぶり、温めてからカットする。

第2章

「しっとりほろり」バターをクリーミングして使う

バターケーキ生地のレッスン

クリーム状にしたバターを攪拌すると、
空気を含んで白っぽくなります。
ここではこのバターの「クリーミング性」を生かして、
しっとりとした「バターケーキ生地」をマスターします。

クリーミングバターで作る生地のポイント

1

バターを白っぽくなるまで攪拌する

バターケーキはクリーミング性を生かすことでふわっときめ細かくしっとりとした食感になります。十分に白っぽくなるまで攪拌しましょう。最初にバターを液状にしてしまうと空気を含まなくなってしまうので、溶かしすぎに注意を。

2

バターに加える卵の温度に注意する

水分である卵を冷たいまま加えたり、一気に加えるとバターの油脂と乳化せず､分離してしまいます。分離するとせっかく含ませた空気を逃してしまうことに。卵の温度に注意し、何回かに分けて加え、その都度しっかり乳化させましょう。

3

粉糖を加えたら乳化するまで混ぜる

バターの油脂と卵の水分が不安定に混ざっているところに粉類を加えたら、しっかり乳化するまで（なめらかな状態になるまで）混ぜること。混ぜ足りないと粉がいきわたらず、きめの揃わないボソボソとした生地に。

「しっとりほろり」

バターをクリーミングして、しっとりほろほろとした生地に

Cake Vanille

基本生地
バターケーキ
ケイク・バニーユ

バター、砂糖、卵、粉がほぼ同割の生地に、
良質なバニラビーンズを加えてじっくり焼いたリッチな仕上がり。

動画レッスンはこちら

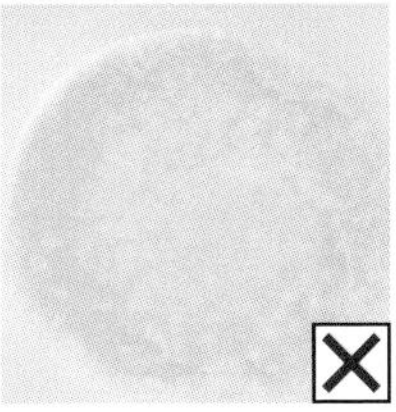

×失敗例1

攪拌しても空気が入らない

●原因

バターを液状にしてしまったから。

バターを攪拌すると空気を含み白っぽくなるが、**一度液状に溶かしてしまうと、再度冷やしても性質が変わってしまい、空気を含まなくなる。**

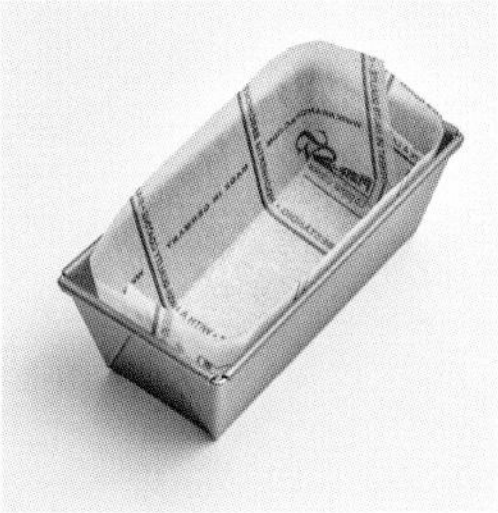

型準備

P47の「型の準備」Cを参照し、型の内側にベーキングペーパーを敷き込んでおく。

材料　ふちのサイズ17×8cmのパウンド型（670㎤）1本分

●バターケーキ生地

- 無塩バター　……………90g
- 砂糖　……………………90g
- 全卵　………………正味90g
- 薄力粉　………………100g
- ベーキングパウダー　……2g
- バニラのさや（バニラビーンズ）　……………………約3cm

●デコレーション

- あんずジャム（裏ごしタイプ）　………60g
- ピスタチオ（粗く刻む）…適量
- 溶けない粉糖　…………適量

焼き時間の目安　180度20分→170度20～30分

1 バターをやわらかくする

バターは室温（約25度）にしばらくおいてやわらかくする（P11参照）。

2 卵をほぐす

全卵は室温（約25度）において戻し、よくほぐしておく。卵液が冷えていたり、卵黄と卵白が混ざっていないと分離の原因となる。

Q 卵を早く室温に戻すには？

A 卵を殻ごと湯につけます。

寒い季節、急ぐときは40度くらい（お風呂のお湯くらい）の湯に20分ほどつけておきます。また、ボウルに溶いて混ぜながらさっと湯せんや弱火にかけて温める方法もあります。**溶き卵を容器ごとレンジに入れて5秒ずつ加熱**し、さっと混ぜて冷たければまた数秒かける、を繰り返してもOK。いずれも加熱しすぎに注意しましょう。

Q バターをすぐにやわらかくするには？

A 寒い季節や急ぐときには、レンジにかけます。

容器に入れてレンジに5～10秒程度かけ、混ぜてみてマヨネーズくらいにする。まだ固ければ様子を見ながらまた数秒かけるように。**液状にしないよう注意しましょう。**

×失敗例2 白っぽくならない

●原因 **攪拌が足りないから。**

攪拌が足りず、まだ黄色っぽい。ここで空気をしっかり含ませないと、**全卵を加えたとき分離しやすくなり、焼き上がったとききめが詰まって重い生地になる。**

3 バニラビーンズを入れる

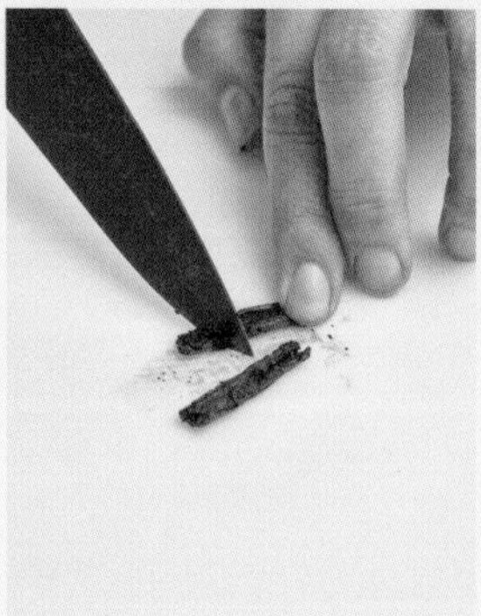

バニラのさやをナイフの先で裂き、ナイフの背で内側のビーンズをこすり取り、バターのボウルに入れる。

4 バターをクリーミングする

ハンドミキサーの中速で3をよく攪拌して空気を含ませる。バターは空気が入ると白っぽくなってくる。

5 砂糖を加える

砂糖を半量ずつ加えて混ぜ、その都度よく攪拌する。

6 攪拌する

バターに空気が入って白っぽくなるまで十分攪拌する。

Q バニラビーンズがないときは？

A **製菓用バニラで代用。**

「バニラエクストラ」や、「バニラビーンズペースト（バニラビーンズが入っているペースト）」で少量で代用しても。またはバニラエッセンスを3ふりくらい加えます。

Q なぜバターと砂糖を十分攪拌するの？

A **ふわっときめが細かい生地にするためです。**

まずはバターだけで攪拌。**その後2回に分けて砂糖を加え、白っぽくなるまで攪拌することで、バターの「クリーミング性」により空気を十分に含み、ふわっとしっとりした食感に焼き上がります。**ベーキングパウダーだけで膨らませるときめが揃わず、気泡ができたりするので、ここでしっかり攪拌することが重要。

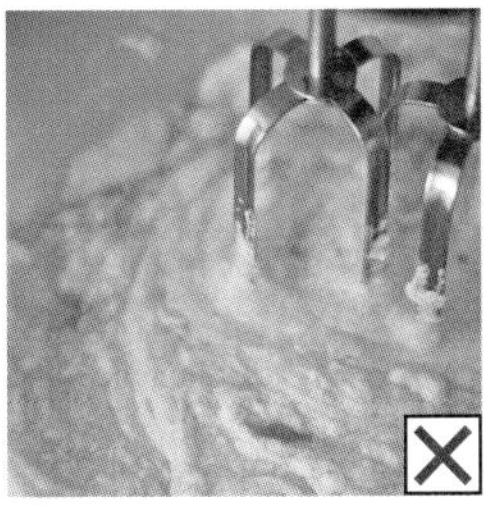

×失敗例３

分離してしまった

●原因

一度に卵液を入れてしまったから。

クリーミングしたバターに卵液を加える際、一気に入れてしまうとバターの油分と卵の水分が混ざり合えずに分離してしまう。**必ず少量ずつ加えてその都度よく混ぜるようにする。**

なぜ乳化させないとダメなの？

卵を加えると一度分離しますが、撹拌すると徐々に混ざって「乳化」します。しっかり混ざらないうちに次の卵を加えたり、一気に加えたりして分離すると、せっかく含ませた空気が抜けてしまいます。そのため焼き上がりにきめが詰まって重い食感になってしまいます。

7 卵を加える

室温に戻した溶き卵の1/4量を加えてハンドミキサーの低～中速で撹拌する。

8 一度分離状態になる

少し混ぜたくらいだとバターと卵が混ざりきらず、一度分離状態になる。

9 乳化する

さらに撹拌するとなめらかなクリーム状に戻る。この状態を乳化という。

10 全卵混ぜ終わり

残りの溶き卵を3回に分けて加え、その都度よく混ぜて、乳化させる。

Q なぜ卵を分けて加えるの？

A 混ざりやすくするためです。

水分である溶き卵を一度に加えるとバターの油脂と混ざりきらず（乳化せず）、分離してしまいます。**分けて加え、その都度ハンドミキサーの低～中速で撹拌するのがポイントです。**

Q バターケーキ生地の「乳化」って？

A バター（油分）に溶き卵（水分）を加え、しっかり撹拌してなめらかになった状態。

バターの油脂と卵や砂糖に水分が結合してしっかり混ざり合っている状態。含ませた空気もそのまま保っているので、ふんわり焼き上がります。

Q 分離の原因は？

A 卵液が冷たい、一気に入れるなどが原因です。

バターが固い（冷たい）、卵を冷たいまま加える。一度に加える、混ざりきらないうちに加える、などが原因になります。

Q どうしても分離がなおらないときは？

A 粉類を少し加えて混ぜます。

この後加える**粉類をゴムベラでひとすくい加え、ハンドミキサーで撹拌**してみましょう。粉が水分を吸い、たいていは分離が止まります。**まだ分離しているときは、もう少し粉類を加えてみて。**様子を見ながら徐々に行います。

11 **のポイント**

ゴムベラで押し出すように

粉ふるいにあけ、ゴムベラで押し出すように。ココアやコーヒー、抹茶など粉末状のフレーバーを加えるときはここで一緒にふるい入れます。

13 **のポイント**

乳化するまで混ぜる

粉がやっとなじんではいるが、まだボソボソとして材料がよく混ざっていない（乳化していない）状態。このまま焼くときめが粗くて揃わず、ボソッとした食感になってしまいます。

13 **のポイント**

具を入れるタイミングはここ

ドライフルーツなどの固形の具を混ぜ込むときは、この混ぜている途中のタイミングで加えます。混ぜ終わってちょうどよい状態の生地にさらに具を加えて混ぜると、生地は混ぜすぎの状態になってしまうので注意しましょう。

11 粉類を入れる

薄力粉、ベーキングパウダーを合わせてふるい入れる。上記参照。

12 混ぜる

ここからはゴムベラで大きく混ぜ合わせる。

13 粉けがなくなる

粉っぽさがなくなり、全体に粉類がいきわたったところ。上記参照。

14 さらに混ぜる

なめらかなクリーム状になるまでさらに混ぜる。

Q 混ぜ方のポイントは？

A **下からすくい上げるように混ぜます。**

粉類は下に沈んでいくので、**ゴムベラでボウルの底からすくい上げるようにして大きく混ぜます。** 同時にボウルも手前に回していくと、効率よく全体的に混ぜられます。

Q どのくらいまで混ぜるの？

A **なめらかなクリーム状になるまで混ぜます。**

粉類がまんべんなくいきわたり、生地がなめらかなクリーム状になる（乳化する）まで混ぜます。 ここまでしっかり混ぜると、きめ細かくしっとりとした生地に焼き上がります。それ以上混ぜると小麦粉のねばり（グルテン）が出すぎて、もっちりと重くなるので注意しましょう。

×失敗例4　**きめが粗くボソッとしている**

●原因　**粉類を混ぜ足りなかったため。**

粉類を合わせたとき、粉がやっとなじんではいるが、まだボソボソとして材料がよく混ざっていない（乳化していない）状態だと、焼き上がりのきめが粗くて揃わず、ボソッとした食感に。ただし混ぜすぎるときめが詰まって重くなるので注意。

15 型に入れる

型に生地を流し入れる。

16 オーブンで焼く

天板にのせ、180度に予熱のオーブンに入れる。180度で20分、170度に下げて20～30分焼く。

17 チェックする

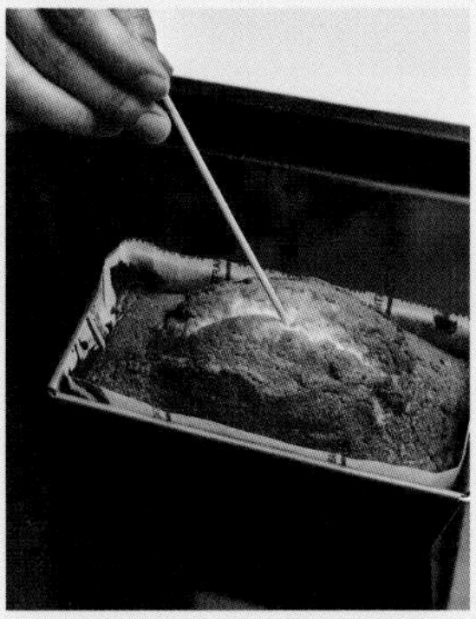

中まで焼けているかをチェックする。

18 型から出す

粗熱が取れたら型を傾けてバターケーキを出す。

Q　どのように型に入れるの？

A　**真ん中を低くします。**

型の真ん中は特に火が通りにくいので、低くして通りやすくします。焼き上がりが山のように膨らみやすいので、**生地を左右に振り分け、真ん中を低く**しておくことで平均的に焼けます。

Q　焼き方のコツは?

A　**じっくり時間をかけて焼きます。**

まず**180度で20分焼いて生地を膨らませ、170度に下げてさらに20～30分焼きます。**火の入りにくい生地なので、途中で焦げないように温度を下げ、じっくり時間をかけて焼きます。**焼きムラができるようなら途中でケーキ型を回して前後を入れ替えます。**

Q　焼き上がりのチェックポイントは？

A　**竹串を刺してみます。**

焼き色が全体にしっかりつき、**真ん中を軽く触ると弾力がある状態です。**または竹串を刺してなにも生地がついてこないようなら焼き上がりです。

Q　型から出した後はそのまま？

A　**ラップで包みます。**

温かいうちにラップでぴったりと包み、乾燥を防ぎます。冷暗所または冷蔵庫で保管しましょう。1～2日すると生地がなじんでしっとりとおいしくなります。

×失敗例 5

ジャムが厚塗りになる

●原因

何度も塗ってしまったため。

何度も重ねてジャムを塗ったり、塗りなおしたりしていると、もったりとした状態の厚塗りに。また、**刷毛でペタペタとのせるようにすると塗りムラができる。**

21のポイント

ピスタチオの発色をよくする

ピスタチオはグリーンの色がきれいなものを選びましょう。小さな容器に1 ～2粒ほど水少々と一緒に入れ、さっとレンジで湯がいてから刻むとグリーンがよりきれいに発色します。

19 ジャムを煮る

火にかけてあんずジャムを煮溶かす。

20 ジャムを塗る

刷毛でバターケーキの上面に塗り広げる。

21 トッピングする

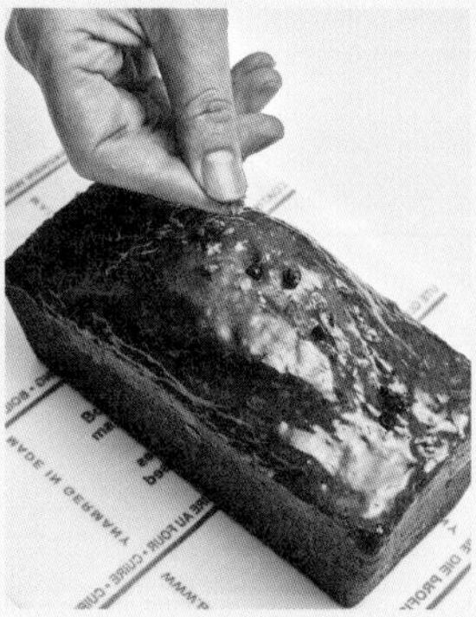

刻んだピスタチオをのせる。上記参照。

22 粉糖をふる

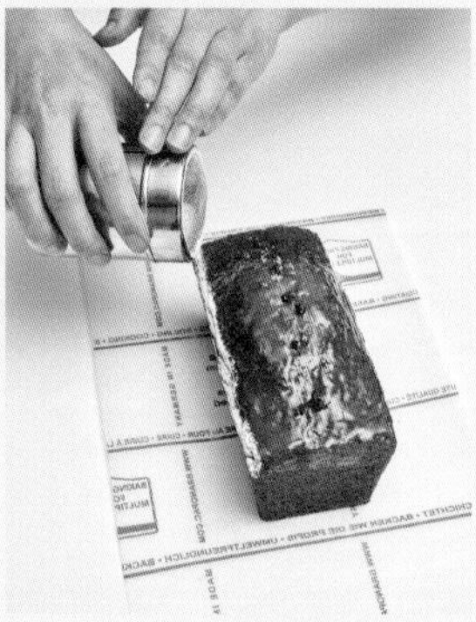

溶けない粉糖を両端にシュガーシェイカー、または茶こしでふる。

Q ジャムを煮溶かすポイントは？

A **中火にかけて一度全体を沸騰させます。**

裏ごしタイプのジャム（P40参照）を**小鍋に入れ、2割程度の水を加えます。焦がさないように混ぜながら中火にかけて一度全体を沸騰させ、ジャムが完全に液状になるまで煮ます。**レンジで煮溶かしてもOK。

Q 上手な塗り方は？

A **刷毛を寝かせてスーッと広げます。**

ジャムが熱いうちに手早く塗り広げます。ジャムをのせたら**刷毛を寝かせてスーッと広げていくようにする**と均等に塗ることができます。

Q 粉糖のふり方は?

A **ふる場所に近づけます。**

ピスタチオのトッピングに粉糖がかからないようふちだけピンポイントにふります。部分的にふる場合、シュガーシェイカーや茶こしを**ふる場所に近づけます。**このような作業をするときにはシュガーシェイカーがあるとふりやすいのでおすすめです。

バターケーキ生地応用ポイント

1
焼き上がりに香り高い リキュールをしみ込ませる

生地にリキュールをしみ込ませると、しっとりとよい風味がつきます。オレンジのケーキにはコアントローやグランマルニエ、マロンにはラム酒やコニャックなど、生地のフレーバーに合ったリキュールを。リキュールは水などで薄めず、原液のまま焼き上がりにしみ込ませると、吸い込みやすく適度に余分なアルコール分が飛びよい風味だけが残ります（シロップで薄めるのは可）。しみ込ませたらすぐにラップをして密閉し、冷暗所で食べごろまで保管します。

2
上手に保管し、 食べごろまで熟成させる

バターケーキ生地は焼きたてより2～3日おいて熟成させたほうが味がなじみ、食感もしっとりとしてきます。乾燥しないようにしっかりとラップをし、さらに密閉袋や容器に入れて冷暗所か冷蔵庫で保管します。夏季なら4～5日、冬季なら1週間くらい保存可能。冷凍するときは冷凍臭がつかないように、しっかり二重に密閉します。少しずつ解凍したいときはスライスして1枚ずつラップで包んで冷凍がおすすめ。2週間ほど保存できます。

3
食べごろまで熟成してから 仕上げるのがベスト

ベストな仕上げのタイミングは、焼き上がったバターケーキをしっかりと密閉して保管・熟成し、食べごろになったとき。ジャムやアイシングで仕上げしたものをラップなどで包み、数日おくと溶け出してきたり、せっかくきれいにふった粉糖がラップにくっついてしまうこともあるので、仕上げをする前の状態で熟成させます。食べるとき、プレゼントするときなどの直前に仕上げをするのがおすすめです。

4
具が沈んでしまうときは

スライスしたら、具が下のほうに沈んでいた、なんて経験はありませんか？ 原因の多くは具が大きくて重いためと水分が多いため。生地はオーブンの中で一度液状化するので、重い具、水分の多い具は沈んでしまいます。その場合は具を細かく刻むか、薄力粉をまぶすなどして加えてみましょう。P60の「りんごとキャラメルのケーキ」のように、沈みやすい水分の多い具がたくさん入るときは、薄力粉だけでなく強力粉を混ぜることで具を支えるやり方もあります。

5
生焼けになりやすい水分の 多い具を混ぜるときは

缶詰や甘露煮のようにシロップ漬けになっているフルーツ、冷凍ベリーなどは、生地に焼き込むとフルーツの周りが生焼けになりやすいもの。十分に水気を切り、キッチンペーパーなどにはさんで取り除いてから加えることがポイントです。P62の「ピンクアイシングのベリーケーキ」の冷凍ラズベリーのように、あらかじめ薄力粉をまぶし、冷凍のまま入れると沈みや生地が生っぽくなるのを防ぎます。

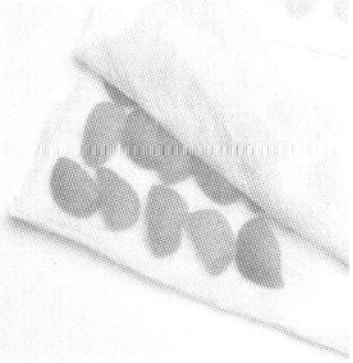

6
分量アレンジは なるべくしない

甘さを控えたい、軽くしたいなどの理由で砂糖を減らしたりすると、焼き上がりがパサついたり、膨らまなくなったりします。甘さを控えたいときはジャムを塗らないで粉糖だけで仕上げる、酸味のある具を入れるなどして、生地自体の分量はアレンジしないほうがおすすめです。生地を軽く仕上げたいなら粉の1～2割をコーンスターチに差し替える、またはよりしっとり焼き上げたいなら砂糖の1割をはちみつに差し替える、などのアレンジは可能です。

バターケーキ生地の
シンプルアレンジ

たっぷりのフィリングと
ソースを焼き込む

Pound cake nuts & caramel
ナッツとキャラメルのパウンドケーキ 上

Pound cake apples & caramel
りんごとキャラメルのパウンドケーキ 下

香ばしいキャラメル生地に、りんごとレーズンをこれ以上混ぜ込めないくらい加えた、具だくさんのパウンドケーキ。ソースやフルーツがたっぷり入るので、強力粉も加えてフィリングの水分を支えられる生地にします。キャラメルソースはしっかりとほろ苦いくらいにしっかり焦がしておくのがポイント。ナッツとプルーンの具もおすすめです。

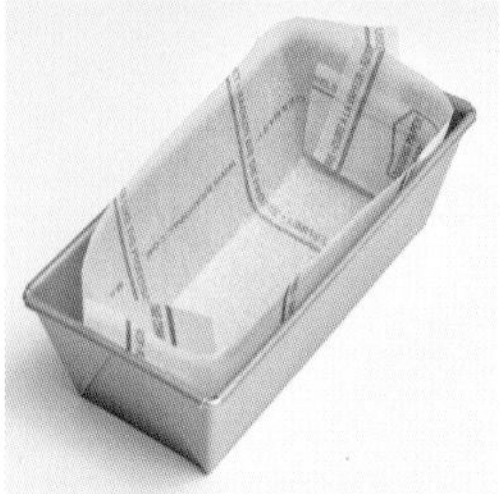

型準備

P47の「型の準備」C を参照し、型の内側にベーキングペーパーを敷き込んでおく。

材 料　ふちのサイズ17×8cm のパウンド型（670㎤）1本分

◆ナッツとキャラメルのパウンドケーキの場合
キャラメルソースとバターケーキ生地はりんごとキャラメルのパウンドケーキと同じ材料。具材を、りんごソテーの漬け込みのかわりに2cm 角にカットしたドライプルーン100g、180度で10分ほどローストして粗く刻んだくるみ、またはアーモンドホール100g を加えて同様に焼く。

●りんごソテーとドライフルーツの漬け込み
（作り方は P71参照）
紅玉りんご … 1.5 ～ 2個
（皮と芯を取って正味200g）
ブラウンシュガー、
または粗糖 ……… 12g
ドライいちじく … 35g
レーズン ………… 35g
カルバドス
（りんごのブランデー）
………………… 15g

●キャラメルソース
砂糖 ……………… 25g
水 ………………… 15g
生クリーム ……… 25g

●バターケーキ生地
無塩バター ……… 65g
砂糖 ……………… 55g
全卵 ………… 正味55g
薄力粉 …………… 40g
強力粉 …………… 35g
ベーキングパウダー … 2g

●仕上げ用
カルバドス ……… 適量

焼き時間の目安　180度20分→170度25～30分

りんごとキャラメルのパウンドケーキを作る

1 キャラメルソースを作る

P85を参照してキャラメルソースを作り、ボウルにあけて室温で冷ます。

2 生地を作る

P53～56を参照し、基本のバターケーキ生地を作る。

3 ソース、具を加える

キャラメルソース、りんごソテーとドライフルーツの漬け込み（下記・具の準備参照）を加え混ぜる。

4 全体を混ぜる

全体をまんべんなく混ぜ、具とソースが均等に混ざり、生地がキャラメル色になったら混ぜ終わり。

ソースと具を入れるタイミングはここ

ここではバニラビーンズは加えずに、**強力粉、薄力粉、ベーキングパウダーをふるい入れてゴムベラで混ぜる。粉っぽさがやっとなくなったところ（P56のプロセス13）で一度混ぜるのをやめ、ソースと具を加える。**

具の準備

P71を参照し、りんごソテーとドライフルーツの漬け込みを作る。一晩おいて味をなじませ、りんごの水分をドライフルーツにしみ込ませる。

りんごはしっかりソテーする

りんごは薄めのスライスにし、水気をしっかりとばし、生地が生焼けになるのを防ぎます。一晩おくとドライフルーツとカルバドスがなじみ、しっとりやわらかな食感に。

5 型に流し焼く

P57を参照して型に全量流し入れ、180度のオーブンに入れて20分焼き、170度に落として25～30分焼く。

6 焼き上がり

P57を参照して型から出し、上面にカルバドスを刷毛でしみ込ませる。

Q キャラメルソース作りのポイントは？

A **よく焦がします。**

生地に混ぜ込むとキャラメル味が薄まるので、**少し焦がしすぎたと思うくらいでOK。**濃いめの茶色になってから生クリームを加えます。**生地に加えるときは十分ソースを冷ますことがポイントです。**

Q なぜ生地に強力粉を加える？

A **水分がたっぷり入るから。**

このレシピには水分を含むたっぷりの具とキャラメルソースが入ります。薄力粉だけでは大量の水分を支えきれないので、**強力粉をブレンドしてしっかりと火が通るようにしています。**

Q どのくらい混ぜるの？

A **生地がキャラメル色になるまで混ぜます。**

全体をまんべんなく混ぜ、具とソースが均等に混ざり、**生地がキャラメル色になったら混ぜ終わりです。**混ぜすぎは粉のねばり（グルテン）を出してしまうので注意しましょう。

Q 焼くときのポイントは？

A **しっかり中まで火を通すように。**

型に流したら真ん中をへこませるようにならします。180度のオーブンで20分焼き、170度に下げてさらに25～30分焼きます。**火が通りにくい生地なので、温度を下げ時間をかけてじっくり焼くのがポイントです。**

Arrangement avancé

バターケーキ生地の上級アレンジ❶

水分の多い具に粉をまぶして焼き込み、ピンクのアイシングでカラフルに仕上げる

Pink Icing Berry Cake

ピンクアイシングのベリーケーキ

鮮やかなピンクカラーが目をひく一品です。レモン風味の軽いバターケーキ生地に甘酸っぱいベリーを焼き込み、ラズベリーピンクのアイシングでデコレーション。水分を多く含むベリーは、粉をまぶして水分が生地に移りにくいようにします。ピンクアイシングは少し厚めにかけると仕上がりがきれいに。

型準備

P47の「型の準備」Bを参照し、バターと粉で2層コーティングしておく。

材料　ふちのサイズ直径16cmの浅クグロフ型（550㎤）1台分

●ベリーのフィリング

冷凍ラズベリー …… 40g
薄力粉 …………… 適量
ドライクランベリー … 30g

●バターケーキ生地

無塩バター ……… 70g
レモンの皮のすりおろし ……………… 1/3個分
砂糖 …………… 70g
全卵 ………… 正味70g
薄力粉 ………… 80g
コーンスターチ …… 10g
ベーキングパウダー … 2g

●ピンクのアイシング

粉糖 ……………… 100g
冷凍ラズベリーピュレ … 15g

●デコレーション

フリーズドライフレーズ（ホール）
フリーズドライラズベリー（ホール）
ドライクランベリー
ローズペタルシュガー（P71参照）など
………………… 各適量

◆冷凍ラズベリー（キイチゴ・仏語ではフランボワーズ）は軽くほぐしておき、解凍しないでそのまま使用する。冷凍ラズベリーピュレは解凍する。

焼き時間の目安　180度20分→170度15分

1 ベリーのフィリングを準備する

冷凍ラズベリーに薄力粉をまぶす。ドライクランベリーは粗く刻んでおく。

2 生地を作り焼く

P53 ～ 56を参照して基本のバターケーキ生地を作り、1を入れて混ぜる。型に流し、オーブンで焼く。

3 型から出す

P48を参照して型から出し、粗熱が取れたらラップをして1日以上冷蔵庫または冷暗所におく。

4 アイシングを作り、塗る

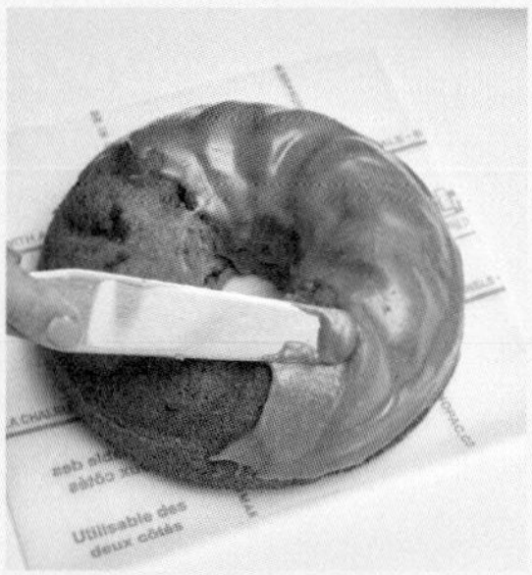

粉糖とラズベリーピュレでピンクのアイシングを作り、全体に塗る。

●生地を作る

ここではバニラビーンズのかわりに**レモンの皮のすりおろしを加えます。薄力粉、ベーキングパウダー、コーンスターチを合わせてふるい入れ、ゴムベラで混ぜる。粉っぽさがやっとなくなったところ（P56のプロセス13）でベリーのフィリング、ドライクランベリーを加え、具を均等に混ぜ合わせる。**型に流してならしたら180度のオーブンで20分焼き、170度に下げてさらに15分程度焼く。

Q 冷凍ラズベリーは解凍してから入れる？

A **凍ったまま入れます。**

冷凍ラズベリーは凍ったまま粗くほぐし、薄力粉を軽くまぶしておきます。生地に混ぜる直前まで冷凍庫に入れておきましょう。解凍してから粉をまぶすとつぶれてしまうので、凍ったまま使用します。水分の多いベリーを粉でコーティングすることで、生っぽく焼けてしまうのを防ぎます。

Q アイシングの固さは？

A **少し固めに作ります。**

ピンク色と味も強調したいので、垂らすとゆっくりと落ちていくくらいに**少し固めに作り、厚めに塗ります。**アイシングがゆるいと薄くかかって色が出ず、流れ落ちてしまいます。アイシングが固すぎてのびないときはピュレを少し加え、やわらかすぎるときは粉糖を少し加えて調節します。

5 乾かす

170度のオーブンに2分ほど入れて乾かす。この間にフリーズドライフレーズ、フリーズドライラズベリーをカットしておく。

6 すぐにトッピングをつける

オーブンから出したらすぐにカットしたベリー類、ドライクランベリー、ローズペタルシュガーを軽く押し付けるようにしてトッピングする。

Q なぜ後からトッピングするの？

A **トッピングが焦げないようにするため。**

フリーズドライのベリーやローズペタルはオーブンに入れるとすぐ焦げてしまうので、後にトッピングします。すぐにつけないとアイシングが固まり、具をつけられなくなるので注意しましょう。

断面

バターケーキ生地の
上級アレンジ❷

フルーツを型の底に敷いて生地を焼き、逆さに仕上げる

Apricot Up-side-Down Cake

あんずとアールグレイのアップサイドダウンケーキ

あんずをアールグレイ風味のバターケーキと組み合わせました。フルーツは生地にのせて焼くと沈んでしまいますが、底に敷いて焼き、ひっくり返す「アップサイドダウンケーキ」なら沈まずに、あんずの存在感も出て一石二鳥。だんだんと果汁も生地にしみてしっとりおいしくなります。ここでは細身のパウンド型でスタイリッシュに。

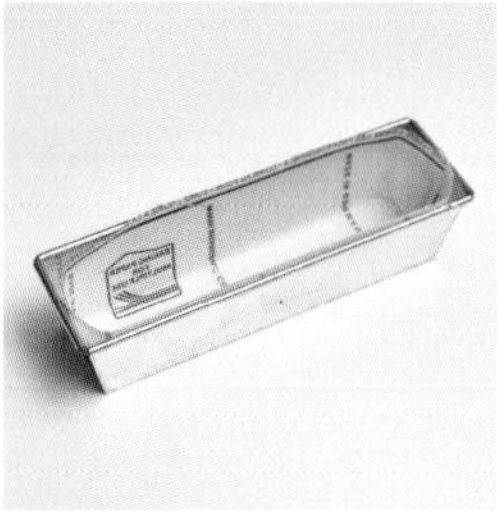

型準備

P47の「型の準備」Cを参照し、型の内側にベーキングペーパーを敷き込んでおく。

材 料　ふちのサイズ直径21×5.5cm
スリムパウンド型（460㎤）1本分

あんず（缶詰）…………半割り6個

●バターケーキ生地
- 無塩バター ……… 50g
- 砂糖 ……………… 55g
- 全卵 ……………… 55g
- 薄力粉 …………… 65g
- ベーキングパウダー … 1g
- アールグレイの茶葉（細かくしたもの）… 3g

●デコレーション
- あんずジャム（裏ごしタイプ）………………… 約40g
- ピスタチオ、溶けない粉糖 ……………… 各適量

焼き時間の目安　180度20分→170度15分

アールグレイの茶葉
お菓子に使う紅茶は繊細な香りのものではバターなどの風味に負けてしまうので、ベルガモットのフレーバーをつけたアールグレイなどがおすすめ。茶葉が大きいときはミキサー、すり鉢などで細かくします。またはティーバッグの中身でも。

●生地を作る

P53～56を参照し、基本のバターケーキ生地を作る。ここではバニラビーンズは加えずに作り、薄力粉、ベーキングパウダーにアールグレイの茶葉を合わせてふるい入れて同様に作る

1 あんずを切る

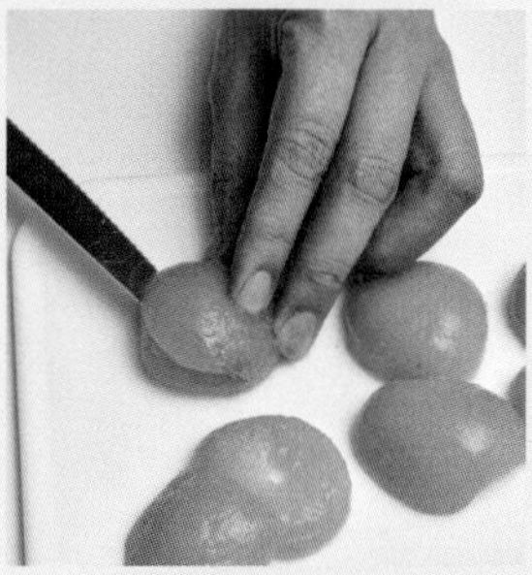

あんずはざるにあけてシロップをよく切る。厚みを半分にスライスする。

2 水気を取る

キッチンペーパーを2～3枚重ねてはさみ、30分以上おいて水分を取っておく。

3 底に並べる

型の底に大きめのスライス（下のほう）を並べる。

4 生地でサンドする

アールグレイ入りの生地（上記参照）の1/2量を流し入れ、残りのあんず（上のほう）を並べ、残りの生地を流し入れて焼く。

5 逆さまにする

180度のオーブンで20分焼き、170度に下げてさらに15分程度焼く。焼けたら熱いうちに型ごと逆さにする。

6 デコレーションをする

P58を参照してあんずジャムを上面だけに塗る。刻んだピスタチオをふちにつけ、逆サイドに粉糖をふる。

Q 入れ方のポイントは？

A あんずが美しく見えるように。

型の底にあんずをぎっしり並べます。後で逆さにすると上面に来るので、面が大きいほうを下にして重ならないよう並べると美しい仕上がりに。途中、残りのあんずをはさみ、生地をすべて流したら真ん中が軽くへこむようにならします（P57参照）。

Q いつ逆さにするの？

A 焼きたてのうちに逆さにします。

熱いうちにクッキングペーパーの上に逆さにおき、軽く型ごと押し付け、膨らみを軽く押しつぶすようにして安定させます。焼きたてのやわらかいうちに。押しすぎないように注意。安定する程度でOK。そっと型をはずし、粗熱が取れたらラップをして1日以上冷蔵庫または冷暗所におきます。

型準備

P47の「型の準備」Bを参照し、バターと粉で2層コーティングしておく。

材 料

ふちのサイズ直径13cmのクグロフ型（550㎤）1台分

●バターケーキ生地

無塩バター …………………… 60g
三温糖 ……………………… 45g
マロンペースト …………… 55g
全卵 ………………… 正味70g
アーモンドパウダー ……… 20g
薄力粉 ……………………… 65g
ベーキングパウダー ……… 2g
栗の渋皮煮 ………………… 80g

●仕上げ用

ブランデー（コニャック）
………………… 約10g

●コニャックアイシング

粉糖 ………………………… 60g
ブランデー（コニャック）
……………… 12〜15g

●トッピング

栗の渋皮煮、金箔 ……… 各適量

焼き時間の目安

180度20分→170度15〜20分

バターケーキ生地の
上級アレンジ❸

生地にマロンペースト、アーモンドパウダーを練り込み風味よく焼き上げる

Rich Marron Crown

リッチマロンクラウン

Arrangement avancé

ふんだんにマロンを使った贅沢なケーキです。フランス産のマロンペーストと栗の渋皮煮をたっぷりと混ぜ込み、仕上げにも王冠（クラウン）のようにマロンを。コニャックのアイシングでコーティングし、より香り高く仕上げました。マロンペーストとアーモンドパウダーを練り込むことで生地がきめ細かく、しっとりと焼き上がります。

ブランデー（コニャック）

強い風味のラム酒よりやわらかで奥深い仕上がりになるので、繊細な香りのコニャックを使用。なければ他のブランデーやラム酒でもOK。

マロンペースト、栗の渋皮煮

マロンペーストは缶詰（サバトン社）のものを使用。糖度が高いので生地の砂糖は少なめの配合にして調整します。栗の渋皮煮は市販のシロップ漬けのものでシロップを切り、生地に入れるものは1.5cm角にカットしてキッチンペーパーにはさみ、さらに水気を取っておきます。

1 マロン生地を作る

P53～56を参照し、基本のバターケーキ生地を作る。バター、砂糖の次にマロンペーストも加える。

2 混ぜる

卵とアーモンドパウダーを加え、粉類も順に加える。

3 栗の渋皮煮を加える

全体を混ぜ、粉っぽさがなくなったら刻んだ栗の渋皮煮を加えてよく混ぜ合わせる。

4 型に入れて焼く

型に流し入れ、真ん中あたりをへこませるようにならす。オーブンに入れて焼く。

5 コニャックを塗る

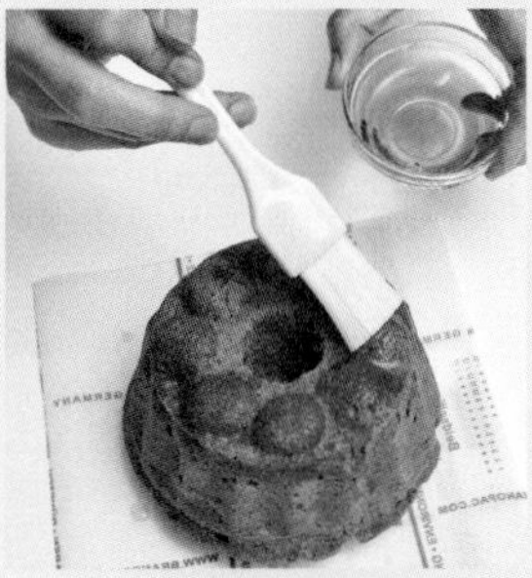

180度で20分焼き、さらに170度で15～20分焼く。型から抜き、コニャックを塗る。

6 コニャックアイシングを塗る

ケーキにアイシングをかけ、トッピングの栗をのせ、さらにアイシングを塗る。170度のオーブンに2分ほど入れて乾かし、金箔を飾る。

Q 生地作りのポイントは？

A **マロンペーストはちぎって加えます。**

ここではバニラビーンズは加えず、砂糖の次に**マロンペーストを半量ずつちぎって加え、その都度十分に攪拌します。**なめらかに混ざったら基本の生地同様に全卵を加えて混ぜます。

Q なぜアーモンドパウダーを加えるのですか？

A **うまみとしっとり感を出すためです。**

アーモンドパウダーは少量でも焼き菓子に加えると、「だし」のようにうまみが加わり、しっとり食感も出ます。アーモンドパウダーが混ざったら薄力粉、ベーキングパウダーを合わせてふるい入れ、ハンドミキサーからゴムベラにかえて混ぜます。

Q 栗を混ぜ込むポイントは？

A **粉が見えなくなったら加えます。**

全体を混ぜ、加えた粉類がやっと見えなくなったところに準備した栗の渋皮煮を加えます。さらに混ぜて栗が全体にいきわたったところで混ぜ終わり。**混ぜすぎると重くきめが詰まった焼き上がりに。栗を入れたらあまりつぶさないように注意して混ぜます。**

Q いつコニャックをしみ込ませるの？

A **ケーキが温かいうちにしみ込ませます。**

焼き上がったらP48を参照して型から出し、**温かいうちにコニャックを刷毛で全体にしみ込ませます。**粗熱が取れたらぴったりラップをして1日以上冷蔵庫または冷暗所におきます。

Q 仕上げのポイントは？

A **アイシングを塗って乾かします。**

粉糖とコニャックを混ぜてアイシングを作り、全体にパレットナイフで薄く塗ります。トッピングの栗の渋皮煮（大きければカットして）をのせ、栗にもアイシングを塗るのがポイントです。アイシングが固いときは少量のコニャックを加えて調節します。

断面

ココア生地に粒つぶ
コーティングチョコをかけて華やかに仕上げる

Chocolat Orange
ショコラオランジュ

ココア入りのバターケーキ生地をスタイリッシュなケーキ型で焼き上げ、粒入りビターチョコレートでコーティングしました。生地にはオレンジの香りをプラスし、さらにチョコチップを加えてしっかりとカカオ風味を出します。トッピングは色鮮やかなオレンジコンフィのスライスや金箔でゴージャスに。

型準備

P47の「型の準備」Aを参照し、型の内側にバターを塗っておく。

材 料　長径17cmのシリコン製変形ケーキ型（470㎤）1台分

●バターケーキ生地
無塩バター ……… 65g
砂糖 ………………… 65g
全卵 ………… 正味65g
薄力粉 …………… 50g
ベーキングパウダー … 2g
アーモンドパウダー… 18g
ココア ………………… 12g
ビターチョコレート… 25g
（カカオ分 65%）
8mm 角くらいに刻んでおく
オレンジの皮のすりおろし
…………… 1/4個分

●仕上げ用
グランマルニエ … 約10g

●コーティング
コーティングチョコレート（ビター） …… 60g
ビターチョコレート（カカオ分 65%） … 30g
アーモンドダイス … 15g
180度のオーブンで6～7分ローストしておく

●トッピング
飾り用オレンジスライスコンフィ（市販品）、
パールクラッカン（市販品・ナッツなどで代用可）、
ビターチョコレート（タブレット）
金箔、ケーキピック
………………… 各適量

焼き時間の目安　180度20分→170度15～20分

コーティングチョコレート
別名「上掛け用チョコレート」「パータグラッセ」とも呼ばれるコーティング用のチョコレート。溶かしてコーティングするだけの手軽なデコレーション素材です。ビター、ミルク、ホワイトのほかレモンや抹茶などフレーバー付きのものも。高温に弱いので、45度以上にしないように。

1 生地を作る

P53～56を参照し、基本のバターケーキ生地を作る。下記参照。

2 フレーバーを加える

刻んだビターチョコレート、オレンジの皮を加え、全体を混ぜる。

3 型に入れる

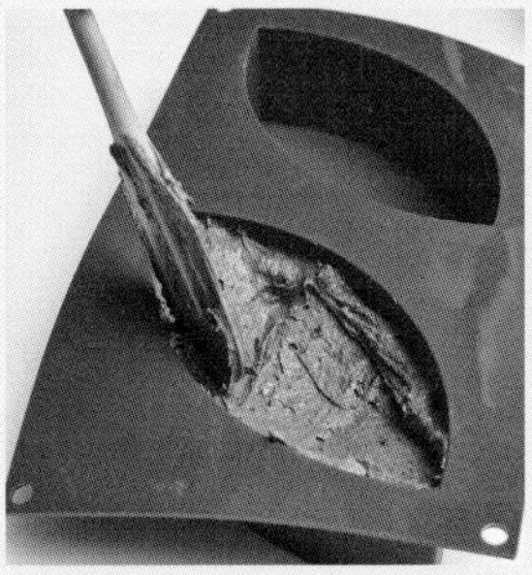

型に入れる。中心は火が通りにくく、盛り上がって焼けるので、真ん中を軽くへこませるようにならす。

4 オーブンで焼く

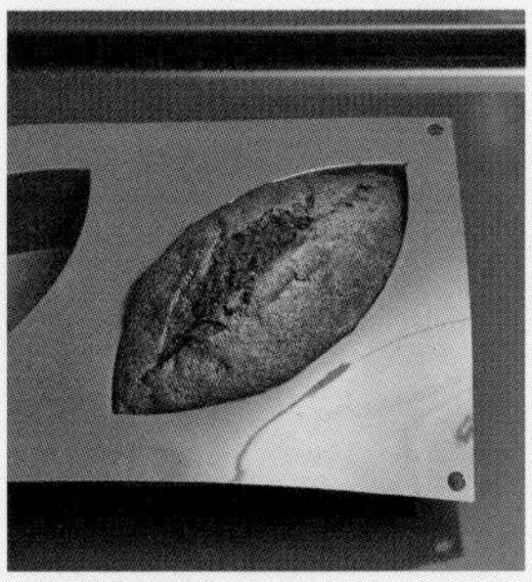

180度のオーブンで20分焼き、170度に下げてさらに15～20分程度焼く。型から出しグランマルニエを塗る。

ココアの風味をつける
ここではバニラビーンズを入れずに全卵まで合わせ、**薄力粉、ベーキングパウダー、アーモンドパウダー、ココアパウダーを合わせてふるい入れる。やっと粉っぽさがなくなるまでゴムベラで混ぜる（P56プロセス13）。**

Q フレーバーを加えるのはいつ？

A **粉けがなくなったところで加えます。**

粉類を加えて全体を混ぜ、粉っぽさがなくなったところで刻んだチョコレート、オレンジの皮を加えて混ぜます。全体にいきわたったら混ぜ終わり。混ぜすぎにも注意して。

Q 焼き上がりの目安は？

A **触って弾力があればOK。**

焼き上がりを触って軽く弾力があることを確認するか、竹串を刺してなにも生地がついてこなければ焼き上がり。型からそっと出し、温かいうちにグランマルニエを刷毛で全体にしみ込ませます。そのままぴったりラップをして冷ましておきましょう。

断 面

5 コーティングを作る

2種のチョコレートを合わせて溶かし、ローストしたアーモンドダイスを加える。

6 流しかける

バットにベーキングペーパーをのせてケーキ生地をおき、上から一気に流しかける。

7 塗る

パレットナイフで側面をならす。側面は流しかけるだけではかかりにくいところもあるので、パレットナイフでならしていく。

8 側面も塗る

ペーパーに垂れたチョコレートをすくい上げて下部につけ、全体が覆われているようにする。特に両端など塗り残しに注意。

9 移動する

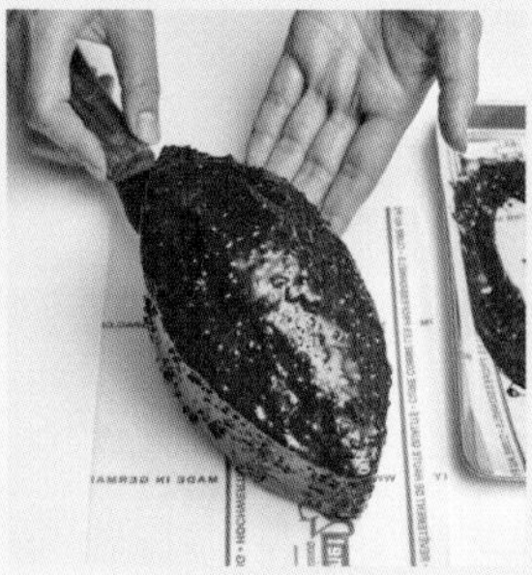

別のベーキングペーパーの上にパレットナイフなどを使ってそっと移す。

10 トッピングする

好みのトッピングをする。オレンジスライスコンフィやタブレット、パールクラッカンを大胆に飾ると素敵。

11 飾る

あれば金箔やケーキピックをあしらう。乾燥しないように容器に入れ冷蔵庫でチョコレートを冷やし固める。1日以上おいてからが食べごろ。

Q チョコレートを溶かすポイントは？

A 45度以上にならないように注意。

ここでは風味をよくするためコーティングチョコレートとビターチョコレートを合わせて使います。**チョコレートは高温にすると変質してきれいに固まらないので、45度以上にならないように注意。**湯せんで溶かすときは湯を沸かし、火を止めてからチョコレートを入れたボウルを浮かべるように。全体を混ぜ、なめらかに溶けたらアーモンドダイスを加えます。

Q コーティングのポイントは？

A 上からざっと勢いよく流しかけます。

焼き上がったケーキ生地の粗熱を取り、ベーキングペーパーを敷いたバットの上におき、アーモンドダイス入りの**チョコレートを上からざっと勢いよく流しかけます。**徐々にチョコレートが固まってくるのでここからの作業は手早くします。**ケーキが冷たいとすぐにチョコレートが固まってしまうので注意！**

Q なぜベーキングペーパーをかえるの？

A 垂れたチョコレートが取り除きにくくなるからです。

チョコレートをかけてそのまま冷やし固めると、下に垂れたチョコレートがそのまま固まってきれいに取り除くのが難しくなります。**移すときは下の余分なチョコをよく落としてから行います。**

焼き菓子に使える！
自家製フルーツフィリング&トッピング

焼き菓子にフルーツを合わせると、ジューシーな食感とさわやかな風味が加わり、華やかになります。ここでは本書のレシピに使っているものを紹介していますが、季節のフルーツなどでアレンジしてみてください。

レモンの皮のシロップ煮

P120 ポワール・シトロンに使用

レモン　1/2 個分
砂糖　大さじ 2 杯くらい
水　適量

作り方
レモンの表皮の黄色い部分のみをナイフで薄くそぎ取る。細切りにし、耐熱の容器に入れて砂糖、水を入れる。レンジにかけて皮に透明感が出て、しんなりするまで加熱する。皮に火が通り、シロップが煮詰まって少なくなったくらいで取り出し、そのまま一晩おく。冷蔵庫で 4 ～ 5 日保存可能。冷凍も可。

金柑のコンポート

P42 金柑とオレンジのマルグリットに使用

金柑　適量
砂糖　金柑の重さの半分
水　金柑の重さの半分

作り方
金柑のへたを取り、半分に切って種を取る。砂糖、水とともに小鍋に入れ、アルミホイルなどで落とし蓋をする。中火にかけ、沸騰したら弱火で 8 ～ 10 分煮て、そのまま一晩おく。冷蔵庫で 3 日ほど保存可能。シロップごと冷凍も可。

オレンジのコンポート

P80 テドランジュに使用

小さめのオレンジ　適量
砂糖　オレンジの重さの半分
水　オレンジの重さの半分

作り方
オレンジはなるべく薄い輪切りにし、砂糖、水とともに小鍋に入れ、アルミホイルなどで落とし蓋をする。中火にかけ、沸騰したら弱火にし、オレンジの皮に透明感が出てくるまでじっくり煮る。やわらかくなったら水気を飛ばし、そのまま一晩おく。冷蔵庫で 3 日ほど保存可能。冷凍も可。

りんごとラズベリーのコンポート

P44 りんごとラズベリーのパンドジェーヌに使用

紅玉りんご　適量
ラズベリーピュレ
リンゴの 20% の重さ
砂糖　リンゴの 15% の重さ
シナモンパウダー　少々
作り方
りんごは6～7mm 厚さのいちょう切りにして鍋に入れ、砂糖、ピュレ、ひたひたの水を加えて中火で煮る。りんごがしんなりし始めたら絶えず混ぜながら水分を飛ばす。水気がほぼなくなったらシナモンパウダーを入れてそのまま一晩おく。冷蔵庫で 3 日ほど保存可能。冷凍も可。

ローズペタルシュガー

P62 ピンクアイシングのベリーケーキに使用

食用ローズ（ベルローズ）　適量
エディブルフラワーのビオラなどでもよい
卵白　適量
微粒グラニュー糖　適量

作り方
花弁は 1 枚ずつバラバラにする。その裏表に刷毛や筆で卵白を塗り、微粒グラニュー糖をまぶす。キッチンペーパーの上に重ならないようにのせ、風通しのよい日陰で乾燥させる。密閉容器に入れて室温で保存。早く使いきる。

りんごソテーとドライフルーツの漬け込み

P60 りんごとキャラメルのパウンドケーキに使用

紅玉りんご　1.5 ～ 2 個（皮と芯を取って正味 200g）
ブラウンシュガー　12g
ドライいちじく　35g
レーズン　35g
カルバドス(りんごのブランデー)　15g
作り方
りんごは 5mm 厚さのいちょう切りにし、ブラウンシュガーと一緒にしんなりするまでソテーする。水分が飛んだら火を止め、1cm 角にカットしたドライいちじく、レーズン、カルバドスを加えてよく混ぜる。ラップをして一晩おき、味をなじませる。冷蔵庫で 3 日ほど保存可能。冷凍も可。

第3章

「しっとり香ばしい」
バターを焦がして使う

フィナンシェ生地のレッスン

バターを加熱すると液体になり、さらに加熱し続けると
バターの油脂以外の成分（タンパク質や炭水化物）が焦げ、
香ばしい風味を出します。ここではこの焦がしバターを使い、
しっとり濃厚な「フィナンシェ生地」をマスターします。

焦がしバターで作る生地のポイント

1

バターの焦がし加減で風味が変わる

焦がし加減（きつね色～濃い焦げ茶色）で好みの風味に調整できます。香ばしい風味にしたいときは濃いめに、軽い風味やはちみつ、抹茶など繊細な風味や色合いを生かしたいときは薄めに。焦がしすぎには注意しましょう。

2

焦がしバターは温めて加える

鍋に入れて火にかけ、つねに混ぜながらまんべんなく焦がして作ります。生地と合わせる段階で焦がしバターが冷めていたら、水分の生地と混ざりやすいように40 ～ 45度に温めて加えるようにします。

「しっとり香ばしい」

Financier Nature

基本生地
フィナンシェ
フィナンシェ・ナチュール

焦がしバターの香ばしい風味とバター本来の
ミルキーな風味をあわせ持つ、シンプルなフィナンシェ。

断面

動画レッスンはこちら

×失敗例1

香ばしさが足りない

●原因

バターの焦がし方が足りなかったため。

バターの焦がし加減が足りないと、フィナンシェの焼き上がりにしっかりと香ばしい風味が出ない。**ただし焦がしすぎも注意。**

型準備

P47の「型の準備」Aを参照し、型の内側にバターを塗っておく。

材料　7.7×4.5cm・深さ1.8cmのフィナンシェ深型（シャンテーヌ型・50㎤）　6個分

●フィナンシェ生地

無塩バター……60g
卵白……60g
はちみつ……20g
粉糖……60g
薄力粉……25g
アーモンドパウダー……50g

焼き時間の目安　190度12～13分

1 焦がしバターを作る

バターを小鍋に入れ、中火にかける。泡立て器で混ぜながら加熱する。

2 火を止める

やや濃い茶色になったら火を止める。

Q　なぜ混ぜながら作る？

A　**焦がし具合が泡で見えないからです。**

最初は沸騰してブクブクと泡が出始めるので、混ぜていないと焦がし加減が泡で見えなくなります。焦げムラもできるので、つねに混ぜながら加熱します。

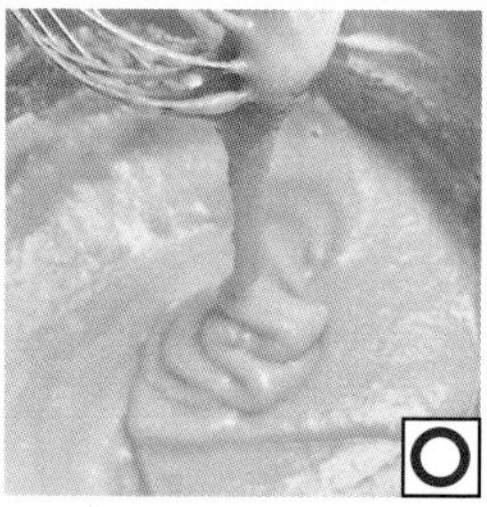

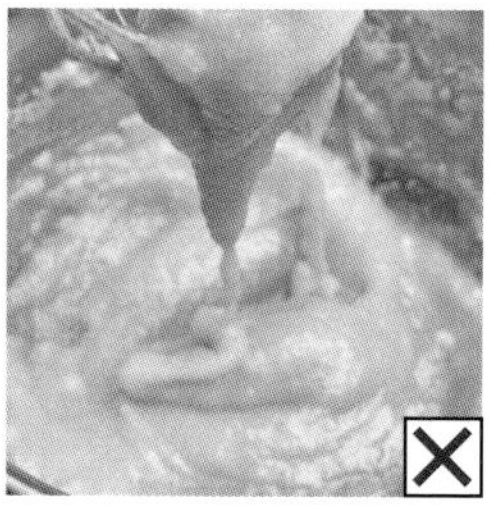

×失敗例2

もたっとしている

●原因

生地をよく混ぜ足りていないため。

粉っぽさがやっとなくなるくらいだと、生地はぼってりした状態。まだ混ぜ足りていない証拠。さらに混ぜて生地のコシが取れ、**持ち上げると生地がタラーッとつながって落ちるようになるまでよく混ぜる。**

3 色止めをする

火から降ろし、鍋底を水に当てる。

4 混ぜる

ボウルに卵白、はちみつを入れ、泡立て器でほぐすように混ぜる。

5 粉類を入れる

粉糖、薄力粉、アーモンドパウダーを合わせてふるい入れ、混ぜ合わせる。

6 生地を寝かせる

混ぜ合わせたらラップをかけ、涼しいところで1時間以上おき、小麦粉のねばり（グルテン）を弱める。

Q 焦がしバターは火を止めたらどうする？

A **水に当てて冷まします。**

そのまま放置すると余熱で焦げ色が進んでしまうので、**すぐに鍋底を水に当てて冷まし、色止めします。**

Q 生地にはちみつを入れる理由は？

A **しっとりさせるためです。**

はちみつは少量でもしっとり焼き上げる効果があります。香りのよいものを使うとよいでしょう。卵白が冷たいとはちみつが固まって混ぜにくいので、室温に戻しておきます。

Q 生地の混ぜ方のポイントは？

A **なめらかになるように混ぜます。**

泡立てて空気を入れるのではなく、**材料がすべてなめらかに混ざり合うようにぐるぐる混ぜます。**生地のコシが切れ、たらたらと流れ落ちるくらいまで混ぜましょう。

○

×

×失敗例3

焼きが白っぽい

●原因

**焼き時間が足りない、
または温度が低いため。**

焼き時間が足りないと焼き色が薄く、白っぽい焼き上がりに。アーモンドパウダーに十分熱が入らず、**焦がしバターの香ばしさが出ない。**

フィナンシェ生地応用ポイント

バターの焦がし加減はお好みで

ミルキーなバター風味を強調させたいときや、抹茶フィナンシェなどあまり強い色や風味を出したくないときは、**焦がし加減を薄め**にしてもよいでしょう。

アレンジはいろいろできる

生地にココアや紅茶などを加えればフレーバーがつけられます。形もアレンジ可能なので、手持ちのもので試してみても。ただし**大型で焼き、カットするのには向いていません。**

7 焦がしバターを加えてよく混ぜる

焦がしバターを40～45度くらいに温めなおして生地に加え混ぜる。

8 型に入れる

型に6等分して流す。

9 オーブンで焼く

190度のオーブンで12～13分焼く。フィナンシェ生地は少し高めの温度で焼き、香ばしく焼き上げる。

10 型から出す

ひとつずつパレットナイフなどで型から出す。または型ごと逆さにして出してもよい。

Q なぜ温めて加えるの？

A **乳化させるためです。**

水分の多い生地に油分を混ぜ込むので、バターが冷めていると混ざりにくい（乳化しにくい）からです。バターが生地になじむまで泡立て器で混ぜ、ゴムベラにかえてムラなく混ぜます。

Q どのくらいの量を入れる？

A **型の8～9分目くらいまで入れます。**

フィナンシェ生地はベーキングパウダーを入れないため、**大きくは膨らみません。型の8～9分目くらいまで流し入れ**て焼いてもあふれないので大丈夫です。

Q 保管方法は？

A **乾燥しないよう袋などに入れておきます。**

冷ましてすぐ食べると、周りはカリッと香ばしく、中はしっとり。**乾燥しないようポリ袋などに入れて一晩以上おくと、全体がしっとりします。**冷暗所または冷蔵庫で保存すれば3～4日は日持ちします。

フィナンシェ生地のバリエーション❶

ココア生地を焼き上げ、チョココーティングする

Financier Cacao

フィナンシェ・カカオ

シンプルな基本の生地にココアを加えて焼き、チョコレートでコーティングするだけで、こんなにリッチなフィナンシェに！カカオ型で焼き上げると、よりシックな仕上がりに。レシピではビターチョココーティングにしましたが、ホワイトやミルクなどお好みのチョコがけにしてもよいでしょう。

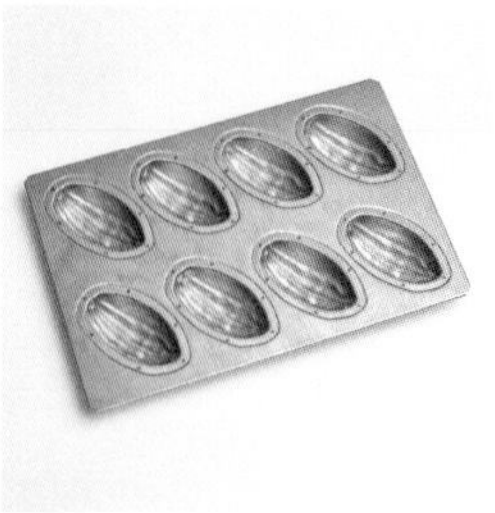

型準備

P47の「型の準備」Aを参照し、型の内側にバターを塗っておく。

材 料　8×4cm・深さ2.3cmのカカオポッド型（40㎤）　8個分

●フィナンシェ生地
- 無塩バター …………… 60g
- 卵白 …………………… 60g
- はちみつ …………… 20g
- 粉糖 …………………… 60g
- 薄力粉 ………………… 20g
- アーモンドパウダー … 50g
- ココア ………………… 8g

●デコレーション
- コーティングチョコレート（ビター） ………… 50g
- ビターチョコレート … 50g
- カカオニブ（グリエドカカオ） ………………… 適量

焼き時間の目安　190度13～15分

1 生地を作り、焼く

P75～77を参照してフィナンシェ生地を作る。型に流し入れて190度のオーブンで焼き、型から出す。

2 溶かす

コーティングチョコレートとビターチョコレートを合わせて湯せんで溶かす。

3 デコレーションする

フィナンシェをチョココーティングする。

4 トッピングする

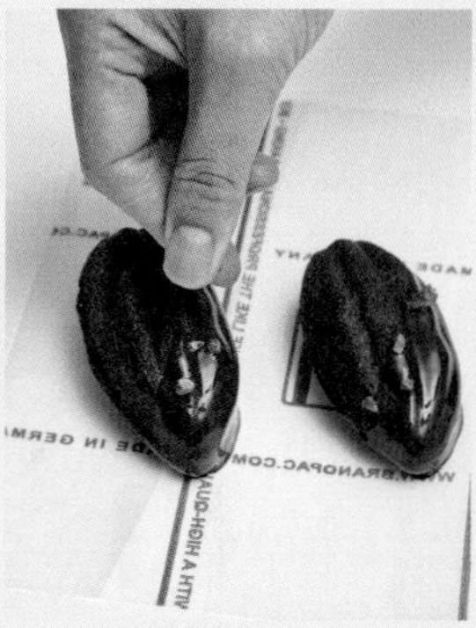

ベーキングペーパーなどの上にのせ、カカオニブをふり、冷蔵庫に入れチョコレートを固める。金箔、ナッツなどをのせてもOK。

ココアの風味をつける

ここでは**粉類と一緒にココアも合わせてふるい入れて作る。**用意した型に8等分して流し、190度のオーブンで13～15分焼く。

Q コーティングの仕方は？

A 斜めに半分だけつけます。

斜めにしてチョコレートを半分くらいつけます。余分なチョコレートはよく落としましょう。**落とし足りないとチョコレートがフィナンシェの下にたまってしまいます。チョコ好きなら上面全体にチョコがけしても。**

◆コーティングのチョコレートはブレンドする

コーティングチョコレートだけでは風味に欠くので、製菓用の（クーベルチュール）ビターチョコレートとブレンドして使う。コーティングチョコレート（ミルク）とミルクチョコレートの組み合わせにしてもよい（P69参照）。

Q 保存方法は？

A 密閉容器に入れます。

チョコが固まったら、乾燥しないよう密閉容器や袋などに入れて保存します。一晩以上おくと、全体がしっとりしておいしくなります。**冷暗所または冷蔵庫で3～4日保存可能です。**

フィナンシェ生地のバリエーション❷

生地にフレーバーをつけたり
トッピングをするだけの簡単アレンジ！

テドランジュ 右上
ノワゼットバナーヌ 左
ココプリュノー 右下

フィナンシェはアレンジしやすいお菓子です。シンプルに生地にフレーバーを混ぜたり、トッピングをのせたり、焼き型をかえるだけでバリエーションが広がります。お好みのアレンジを楽しみましょう。

型準備

P47の「型の準備」Aを参照し、型の内側にバターを塗っておく。

下準備

テドランジュは、粉類と一緒にアールグレイの茶葉も合わせてふるい入れて作ります。用意した型に9等分して流します。

作り方

P75 ～ 77を参照し、それぞれの材料でフィナンシェ生地を作り、型に流し入れる。

Thé d'Orange

テドランジュ

材 料　8×4cmのシリコン製フィナンシェ型（35㎤）　9個分

●フィナンシェ生地

無塩バター …………… 45g
卵白 ……………………… 45g
はちみつ ………………… 15g
粉糖 ……………………… 45g
薄力粉 …………………… 18g
アーモンドパウダー … 38g
アールグレイの茶葉
（細かくしたもの）……… 3g
またはティーバッグP63参照
オレンジスライスのコンポート
（半分に切る）………… 5枚
※P71参照　または市販品でもよい

焼き時間の目安　190度13 ～ 15分

アールグレイ入りの生地の上に水気をよく取ったオレンジスライスをのせ、190度のオーブンで13 ～ 15分焼く。

Q　なぜ水気を取るの？

A　**生地が生焼けになるからです。**

フィナンシェ生地は火の通りが悪いので、のせて焼くフルーツ類は、しっかり水気を取っておかないと、**生焼けになってしまうためです。**キッチンペーパーにしばらくはさんで水気をしっかり取るように。

Noisette Banane

ノワゼットバナーヌ

材 料　8×3.6cmのオーバル型（35㎤）　8個分

●フィナンシェ生地

無塩バター …………… 45g
卵白 ……………………… 45g
はちみつ ………………… 15g
粉糖 ……………………… 45g
薄力粉 …………………… 18g
ヘーゼルナッツパウダー ……………………… 38g
バナナ、ヘーゼルナッツ ……………………… 各適量

※ココア生地にするときはココア6gも粉類と一緒に加える。

焼き時間の目安　190度13 ～ 15分

ノワゼットバナーヌは、アーモンドパウダーをヘーゼルナッツパウダーにかえて作ります

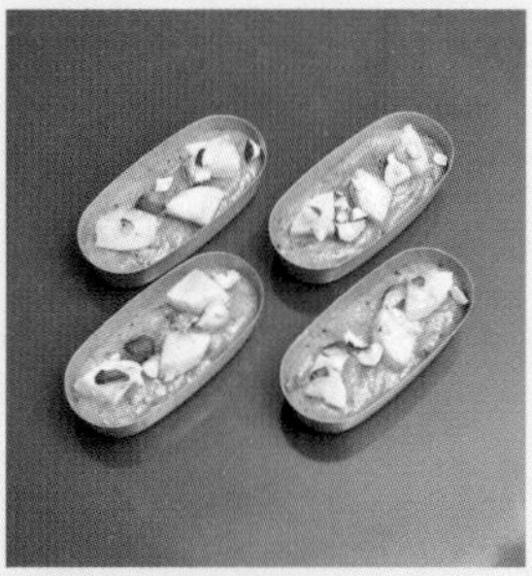

用意した型に生地を8等分して流し、1cm角にカットしたバナナをのせ、粗く刻んだヘーゼルナッツをふる。

Q　保存は？

A　**密閉容器や袋などに入れて保存します。**

乾燥しないよう密閉容器やポリ袋などに入れて一晩以上おくと、全体がしっとりします。冷暗所または冷蔵庫で3 ～ 4日保存できます（3種共通）。

Coco Pruneau

ココプリュノー

材 料　5.5×3.3cmシリコン製スモールオーバル型（30㎤）　12個分

●フィナンシェ生地

無塩バター …………… 45g
卵白 ……………………… 45g
はちみつ ………………… 15g
粉糖 ……………………… 45g
薄力粉 …………………… 18g
アーモンドパウダー … 38g
ドライプルーン（種抜き） ……………………… 6個
ココナッツファイン … 適量

焼き時間の目安　190度12～ 14分

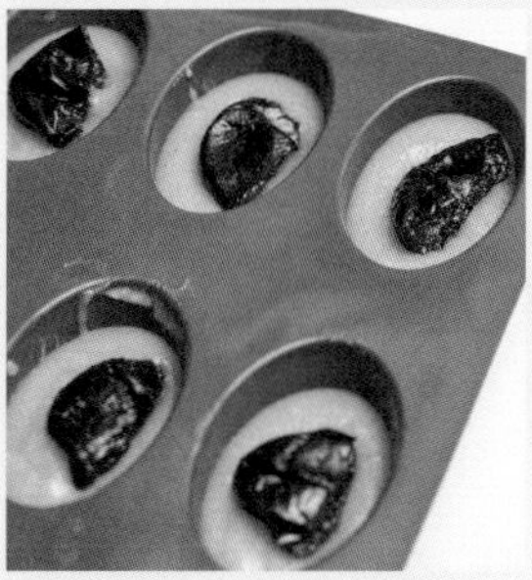

生地を型に流し、半分にカットしたプルーンをのせる。

▶

生地の上の真ん中あたりにココナッツファインをふる。190度のオーブンで12 ～ 14分焼く。

生地にフレーバーをつけ、キャラメルソースやガナッシュを作ってトッピングする

ティグレ・フランボワーズ 上
マロン黒糖 中
キャラメル・カフェ 下

フィナンシェのバリエーションをさらに広げていきましょう。生地にフレーバーをつけ、ガナッシュやキャラメルナッツ、マロンをトッピングしてよりリッチなアレンジに。

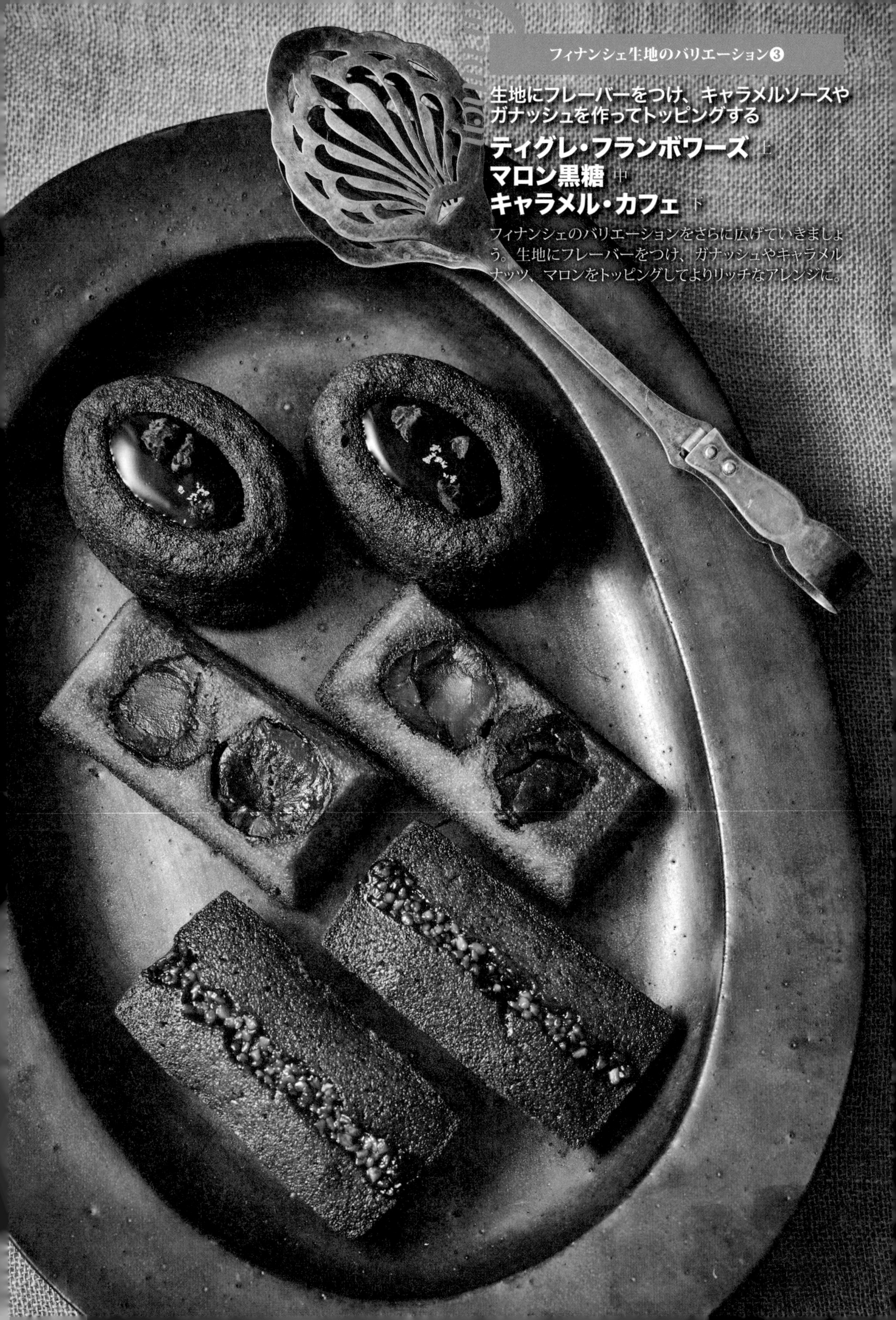

1 生地を作る

P75 ～ 77を参照し、ココアも合わせて生地を作る。190度のオーブンで13 ～ 15分焼き、逆さにして型の上から軽く押し、型からはずす。

2 ガナッシュを作る

スイートチョコレートと生クリームを耐熱容器に入れ、20 ～ 40秒レンジにかける。沸騰したら取り出し、つやが出るまでよく混ぜる。

3 冷ます

温かいさらさらのガナッシュをそのままおいて冷まし、少しとろっとした濃度を出す。

4 トッピングする

濃度がついたガナッシュを絞り袋に入れ先を少し切る。フランボワーズジャム少々をのせ、上にガナッシュを絞り、トッピングをする。

型準備

P47の「型の準備」Aを参照し、型の内側にバターを塗っておく。

Tigre au Framboise

ティグレ・フランボワーズ

材 料　7×5.2cmのシリコン製オーバルサバラン型（47㎤）6個分

●フィナンシェ生地

無塩バター	45g
卵白	45g
はちみつ	15g
粉糖	45g
薄力粉	15g
ココア	6g
アーモンドパウダー	38g

●具材

フランボワーズ（ラズベリー）ジャム	適量

●ガナッシュ（作りやすい量）

スイートチョコレート（カカオ分 55%）	40g
生クリーム	30g
フリーズドライフランボワーズ	適量
金箔	適量

焼き時間の目安
190度13～15分

Q なぜガナッシュを冷ます？

A **ボリュームを出すためです。**

温かくさらさらとしている**ガナッシュを冷ますことで濃度がつき、こんもりとボリュームを出して絞ることができます。**その上にフリーズドライフランボワーズや金箔をトッピングして。

型準備

P47の「型の準備」Aを参照し、型の内側にバターを塗っておく。

Marron Kokutou

マロン黒糖

材 料 8×4cmのシリコン製フィナンシェ型（35㎤） 12個分

●フィナンシェ生地

無塩バター	45g	黒糖（粉末タイプ）	20g
卵白	45g	薄力粉	18g
はちみつ	15g	アーモンドパウダー	38g
粉糖	25g	栗の渋皮煮	12個

焼き時間の目安 190度12～14分

1 生地を作る

P75～77を参照して基本のフィナンシェ生地を作る。ここでは粉糖と一緒に黒糖（粉末タイプ）も入れる。

2 水気を取る

栗の渋皮煮は横半分に（厚みを半分に）切り、キッチンペーパーに重ならないように並べ、十分に水気を取る。

3 並べる

型の底に平らな断面がつくように2個ずつ並べる。栗が大きいときには適宜切って調節する。

4 焼く

用意した型に生地を12等分して流し、190度のオーブンで12～14分焼く。焼けたら逆さにしてそっと型から出す。

Caramel Café

キャラメル・カフェ

材 料　8×4cmのシリコン製フィナンシェ型（35㎤）　9個分

●フィナンシェ生地

- 無塩バター …… 45g
- 卵白 …… 45g
- はちみつ …… 15g
- 粉糖 …… 45g
- 薄力粉 …… 18g
- アーモンドパウダー …… 38g
- エスプレッソ用細挽きコーヒー …… 4g

●キャラメルソース

- 砂糖 …… 20g
- 水 …… 10g
- 生クリーム …… 30g
- アーモンドダイス …… 25g

焼き時間の目安　190度12～14分

◆エスプレッソ用の細挽きコーヒーがないときはインスタントコーヒー2gで代用する。

1 生地を作る

P75～77を参照し、粉類にエスプレッソコーヒーも加えてフィナンシェ生地を作る。

2 キャラメルソースを作る

砂糖と水を鍋に入れて中火にかけ、濃いめのキャラメル色になるまで煮詰める。

3 生クリームを加える

温めておいた生クリームをすぐに加える。沸騰が落ち着いたら全体を混ぜる。

4 ナッツを混ぜる

ボウルにあけて冷まし、アーモンドダイスを加えて混ぜる。

5 絞り袋に入れる

ビニール製の絞り袋に入れ、先を1cm幅にカットする。

6 一直線に絞る

型に生地を9等分して流し、中央一列にキャラメルナッツを絞る。190度のオーブンで12～14分焼く。

Q キャラメルソースの焦がし加減は？

A **濃いめのキャラメル色に。**

焦がし方が足りないと、しっかりとキャラメルの香ばしさやほろ苦さが出ず、ただ甘いだけになってしまいます。**濃いめの茶色になるまでしっかり焦がし、温めた生クリームを加え、火から降ろして色止めをします。**熱い蒸気でやけどしないように注意。キャラメルを作る工程では軍手をするなど手を保護すると安心。換気扇も忘れずに！

Q 絞るポイントは？

A **詰まりやすいのでもみながら絞る。**

持ち手の反対側の指先で絞り袋の先あたりをもむようにして押し出すようにします。1個につき4～5gのせます。絞り袋の先のカットは、あまり幅が小さいとナッツが詰まってうまく絞れず、大きいとたくさん出て太いラインに。ボウルなどに試しに絞って調節しましょう。

第4章

「サクサクほろほろ」バターを固形のまま使う

パートシュクレのレッスン

生地をサクサクに焼き上げる性質、
バターの「ショートニング性」を生かし、
ここではタルト生地の一種である「パートシュクレ（甘い生地）」をマスターします。

固形バターで作る生地のポイント

1

バターを溶かさないように注意する

ショートニング性はバターを溶かしてしまうと効果が薄れていってしまいます。サクサクとした食感にしたいときはなるべくバターを溶かさないようにするのがポイント。

2

フードプロセッサーを使うとより上手に作れる

バターを少しやわらかくして順に材料を加え、手で混ぜて生地を作ることもできますが、フードプロセッサーを使って粉と冷たいままの固形バターを一緒に粉砕すると、バターが小麦粉の粒子を包み込んで水分をブロックし、粉のねばり(グルテン)ができるのを防いで、よりホロッとした生地ができます。

3

混ぜすぎず、休ませることがポイント

水分を加えた後、混ぜすぎると粉のねばり（グルテン）が出すぎてしまいます。焼き上がりがガリッとした固い食感になるので、練りすぎないように。また生地を休ませることでグルテンを弱めるようにします。

「サクサクほろほろ」

バターを固形のまま使ってサクサクほろほろのタルト生地に

Tarte au Banane

基本生地
パートシュクレ
タルト・バナーヌ

サクサクで香ばしいパートシュクレを土台に、
濃厚なアーモンド生地とバナナをじっくり焼き込んだシンプルなタルト。

動画レッスンはこちら

断面

×失敗例1

バター粒が大きすぎる

●原因

バターが刻み足りない。

フードプロセッサーで粉類と固形バターを切り刻むとき、バターの粒が見えるほど大きく残っていると、焼き上がりに穴が開いたりもろすぎる生地に。**しっかり粉状になるまで回すようにする。**

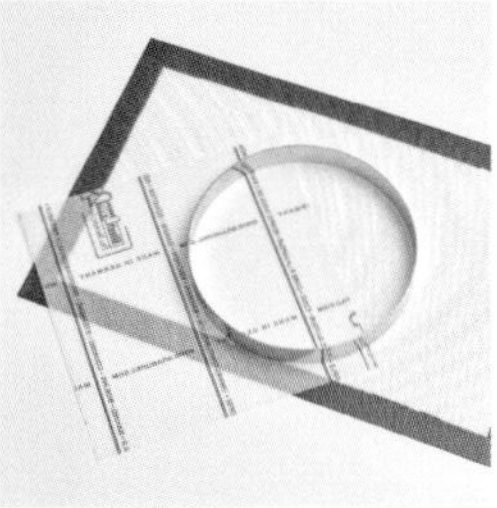

型準備

なし。バターを塗る必要はない。タルトリングより一回り大きくカットしたベーキングペーパー、またはシルパンを用意する。

材 料　直径16cmのタルトリング型（約400㎤）1台分

●パートシュクレ

- 薄力粉 …… 70g
- 粉糖 …… 25g
- 無塩バター …… 35g　冷蔵庫に入れておく
- 卵黄 …… 1個分　冷蔵庫に入れておく

●クレームダマンド

- 無塩バター …… 40g　室温に戻しておく
- 砂糖 …… 40g
- 全卵 …… 正味40g　室温に戻しておく
- アーモンドパウダー …… 40g
- ラム酒 …… 5g
- シナモンパウダー …… 適量

●トッピング

- バナナ …… 中1本
- あんずジャム（裏ごしタイプ）…… 80gくらい
- 水 …… 適量
- アーモンドスライス（170度のオーブンで6～8分ローストする）…… 適量
- 溶けない粉糖 …… 適量

焼き時間の目安　180度35～40分

1 生地を作る

フードプロセッサーに薄力粉、粉糖、冷えたバターを入れる。

2 バターを粉状にする

フードプロセッサーを回し、粉状にする。

Q なぜ冷えたままのバターなの？

A ショートニング効果を引き出すためです。

バターには**生地をサクサクにする「ショートニング効果」**がありますが、バターが溶けてしまうとこの効果はなくなり、サクサクの食感になりません。一切やわらかくすることなく、**冷え固まったままの状態で使うのが**ベストです。

Q どんな状態にするの？

A サブラージュします。

バターを粉とまぶしながら粉々にすることを「サブラージュ」といいます。バターが細かい粒子となり、粉の粒子をコーティングしている状態になっているため、この後水分（卵黄）が入っても粉がねばり（グルテン）を形成しにくく、**焼き上がったときにサクサクザクザクと歯切れのよい食感になります。**

×失敗例 2

生地がまとまらない

●原因

**卵黄を入れた後に
回し足りないため。**

卵黄を入れた後に回し足りないとまだ粉々の状態で、ひとつにまとまらなくなる。**全体がしっとりしたそぼろ状になるまで様子を見ながらもう少し回すように。**ただし回しすぎもNG。

**◆フードプロセッサーが
ないときは**

バターを室温で戻し、やっとほぐせるくらいのやわらかさにする。泡立て器で混ぜ、粉糖、卵黄を順に加え、その都度混ぜる。薄力粉をふるい入れ、**ゴムベラで合わせて粉っぽさがなくなり、生地がまとまってきたら、ゴムベラで押し付けるようにしてひとつにまとめる。**同様にポリ袋に入れて休ませる。

6 **のポイント**

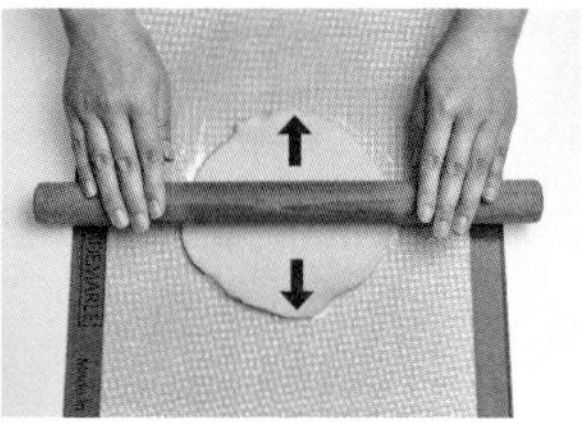

麺棒は中央から動かす

麺棒で生地の真ん中から向こう側へのばし、また真ん中に戻って手前にのばすと均等にすることができます。前後に行ったり来たりしてのばすとムラが出て、均等になりません。

3 卵黄を入れる

卵黄を加えて、小刻みにプッシュしてフードプロセッサーを回していく。

4 そぼろ状にする

しっとりそぼろ状になれば出来上がり。

5 休ませる

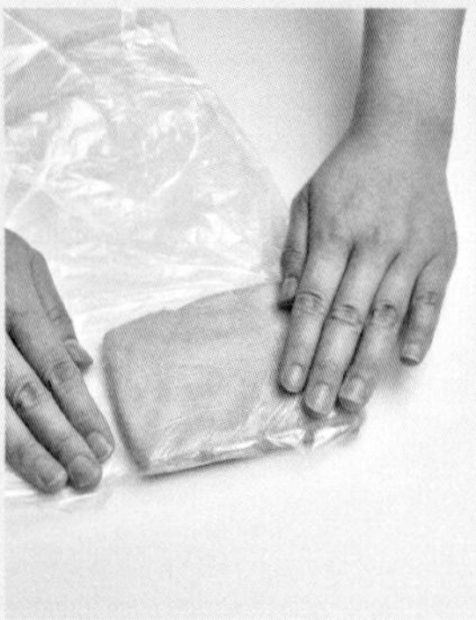

生地をポリ袋に入れ、上から押さえてひとまとめにする。板状にして冷蔵庫で1時間以上休ませる。

6 のばす

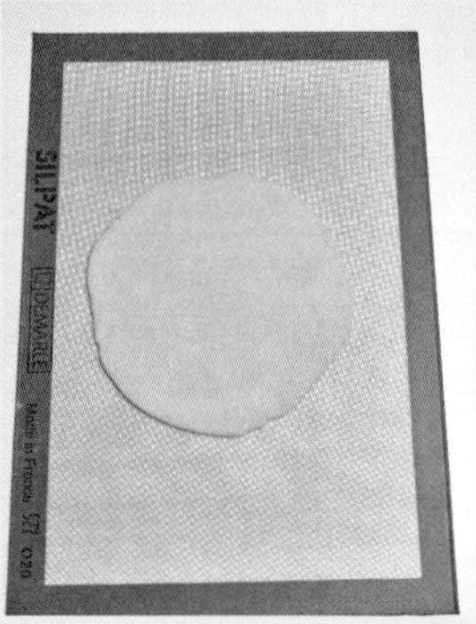

打ち粉（強力粉がおすすめ・分量外）を軽くふりながら麺棒で均等の厚みで型より一回りほど大きく円形にのばす。上記参照。

Q どうしてフードプロセッサーをプッシュで回すの？

A 混ぜすぎないようにするためです。

卵黄（水分）が粉と出合い、こねられると粉のねばり（グルテン）が作られ、ガリッと固く歯切れの悪い食感の生地になります。水分が入ったら混ぜすぎないようにするのが大切なので、**小刻みに押しては離すというプッシュ動作で、様子を見ながら回しすぎない（こねすぎない）ようにします。**

Q 生地の合わせ加減をチェックするには？

A 握ってひとまとまりになればOK。

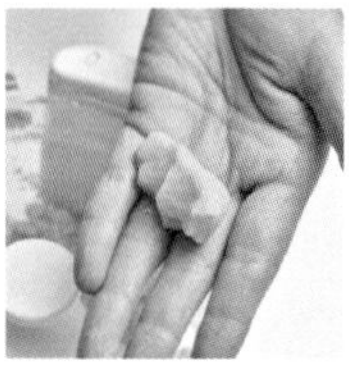

そぼろ状になった**生地を少し手に取り、ぎゅっと握ってひとまとまりに**なればOK。

Q なぜ生地を休ませるの？

A のばしやすくするためです。

冷やすことでバターが締まって固くなり、**麺棒につきにくくのばしやすくなります。**また時間をおくことでグルテンを弱める効果も。この状態で冷凍庫で2週間まで保存できます。使うときは冷蔵庫で解凍します。

Q 上手にのばすポイントは？

A 手早くのばします。

生地がダレないよう手早くのばします。室温で生地が温まり、バター分が溶けてしまうとベタつくだけでなく、焼き上がりのサクサク度が下がってしまいます。**やわらかくなって作業がしにくくなったら、その都度冷蔵庫で冷やしながら進めるようにしましょう。**

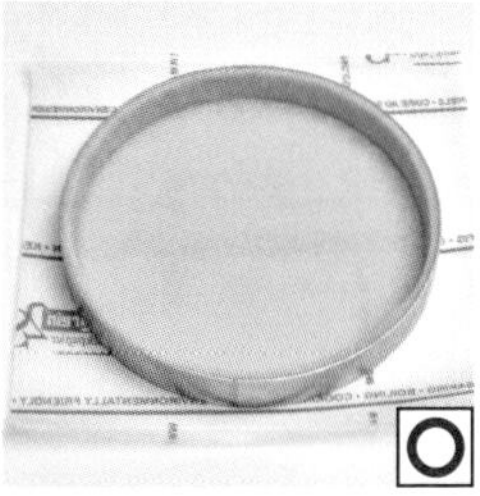

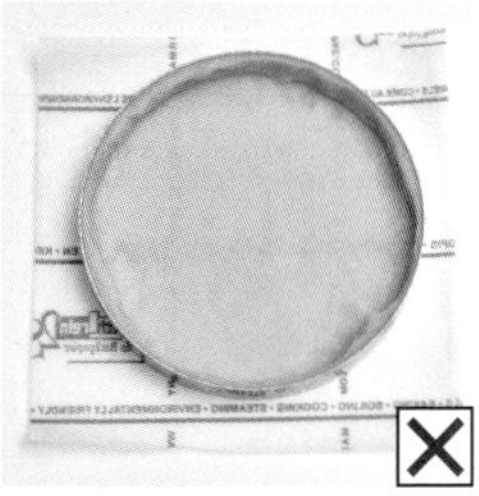

×失敗例 3

厚みが均等にならない

●原因

ふちの生地を強く押し付けたため。

タルトリングに敷き込むときにふちを強く押し付けると凸凹になり、厚みが均等にならない。また角まで生地が入っていなかったり、逆に角に厚くたまっているのもNG。**側面、底面の厚みを均等に。**

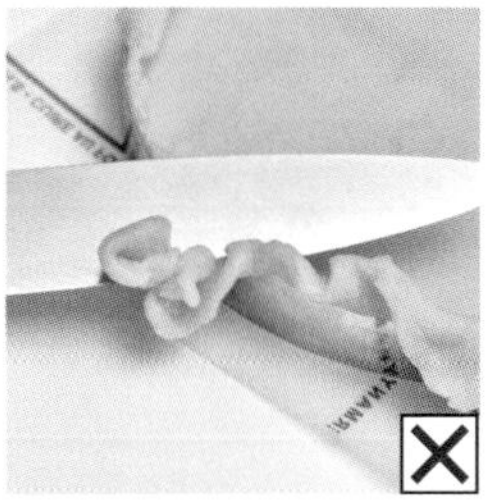

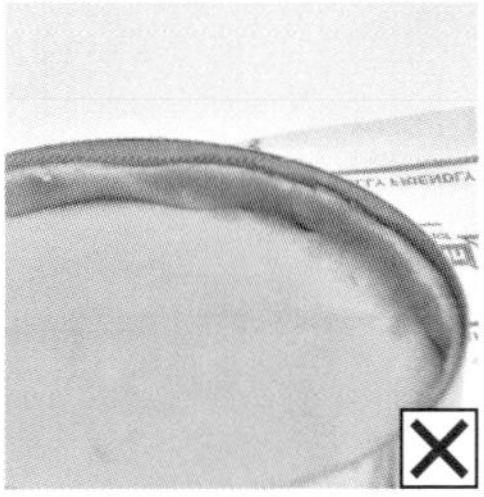

×失敗例 4

ふちがきれいにならない

●原因

生地がやわらかいままナイフで押し切りにしたため。

タルトリングに敷いてから休ませずに、生地がやわらかくなった状態で、**ナイフを押すようにしてふちを切ると、面がきれいにならない。**また、その状態で切って焼くと生地が縮んでしまう。

7 タルトリングにかぶせる

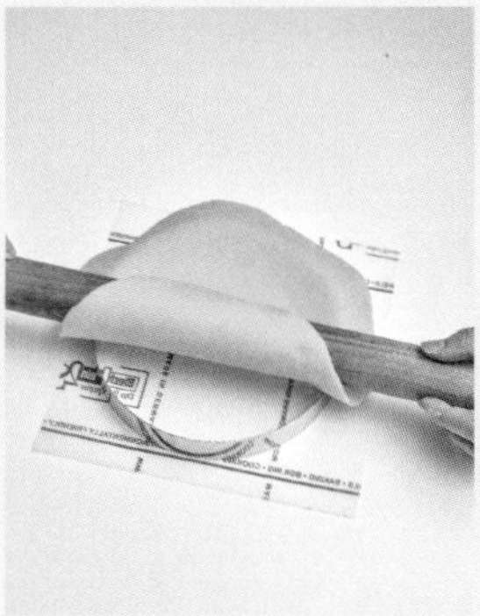

ベーキングペーパーの上にタルトリングをおく。のばした生地を麺棒で向こう側からそっと巻き取り、ふんわりタルトリングにかぶせる。

8 型に敷き込む

ふちをちぢめるように型の側面、角まで生地を敷き込む。

9 休ませる

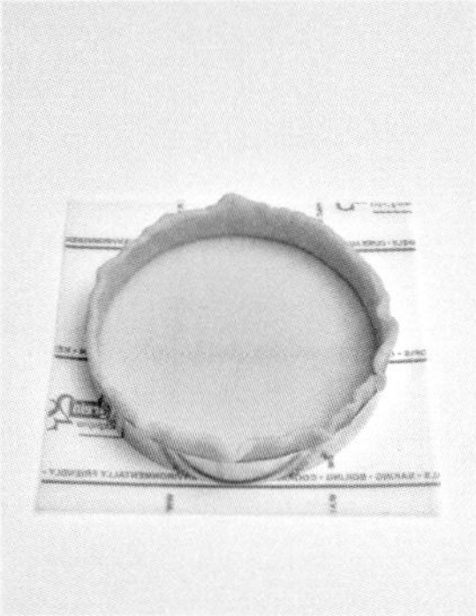

生地を敷いたら冷蔵庫で30分休ませる。底が抜けないようペーパーごと移動する。

10 カットする

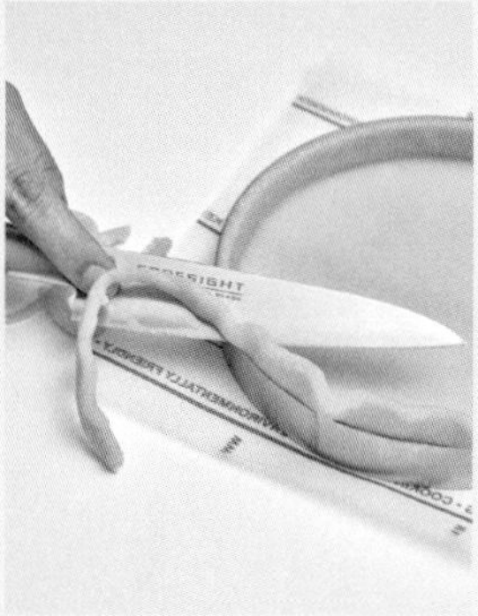

ナイフで外側に向かってすり切るようにしてふちの余分な生地をカットする。

Q タルトリングに敷き込むコツは？

A **同じ厚みでぴったりと敷き込みます。**

生地をタルトリングにかぶせたら、生地のふちを小さくひだを作るように縮めながら底と角まで入れ込んでいきます。さらにリングの側面にぴったり貼りつけるようにぐるっと一周を親指で押さえ、同じ厚みで底にもぴったりと生地が敷き込まれているようにします。

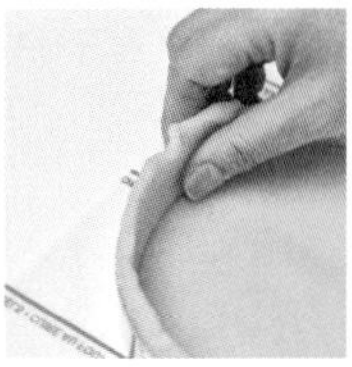

Q なぜふちをカットする前に一度冷やすの？

A **きれいにカットし、焼き縮みを防ぐためです。**

生地を敷いている間に生地がだれ始めるので、**冷蔵庫で冷やすことで生地がしまり、ヨレずにきれいにカットできます。**また薄くのばして焼き縮みしやすい状態になっている生地を休ませることで、**焼き縮みが小さくなります。**

◆クレームダマンドの作り方
クレームダマンドは材料を順に加えて混ぜるだけ。やわらかくしたバターに砂糖を2回に分けて加えます。砂糖が混ざったら溶いた全卵も2回に分けて加えて混ぜます。続いてアーモンドパウダー、ラム酒、シナモンパウダーを順に加えて混ぜます。

12 **のポイント**
クレームダマンドは焼くと膨らむ
クレームダマンドは焼くと膨らむので、具をのせることも考慮し、焼いたときあふれないよう7割くらいの量に計算して作ります。**型の大きさをかえるときはクレームダマンドの量に気をつけるようにしましょう。**

11 生地の敷き込み完成

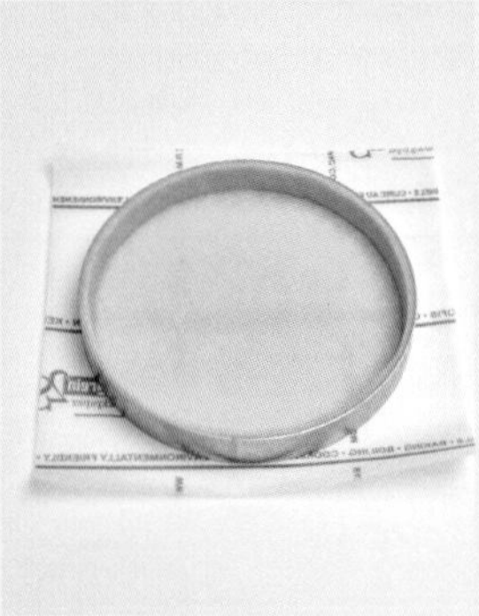

均等な厚みでぴったりと生地が敷かれていればOK。冷蔵庫で休ませておく。

12 クレームダマンドを作る

バターをクリーム状（P11参照）に練り、順に材料を加えては混ぜ合わせて作る。上記参照。

13 バナナを切る

バナナを1cm弱の厚さの輪切りにする。

14 流し入れる

11を型ごとシルパンの上に移動し、クレームダマンドを生地の上に流してならす。

Q シルパンがない場合は？

A **ベーキングペーパーやオーブンシートで。**

シルパンは網状のシートでタルトの底をサクサクに焼き上げてくれます（P47参照）。**シルパンがないときはベーキングペーパーやオーブンシートで代用します。その場合は生地の底にフォークでまんべんなく穴をあけます（ピケ）。**生地に火が通りやすくなるよう、また焼いている間に底生地が浮かないようにするためです。タルトリングではなくP97のような底付きのタルト型で代用するときも必ずピケをしましょう。

Q クレームダマンドのポイントは？

A **分離させないよう注意。**

最初のバターの状態が固かったり、全卵が冷たいと分離しやすいため、どちらも室温に戻してから加えるようにします。クレームダマンドは空気を含ませる必要はなく、材料がすべてきれいに混ざればOKです。

Q バナナを薄めにするのは？

A **沈みや生焼けを防ぐためです。**

厚切りのバナナをのせると重みで沈み、クレームダマンドがあふれてしまうことも。また**バナナの量が多いと水分で火が通りにくく生焼けになる恐れもあります。**

×失敗例 5　生っぽい

●原因　焼き足りない

全体的に焼き色が白っぽいときはまだ焼き足りない段階。**タルト生地、クレームダマンドともしっかり香ばしい焼き色がつくまで十分焼くこと。**

17 のポイント

バナナだけあぶる

クレームダマンドは焦げやすいので、バナナだけピンポイントでバーナーを当てると、より香ばしくおいしそうな見た目になります。バーナーがない場合はそのままで。

18 のポイント

加える水の量に気をつける

水を少量加えることで加熱しても煮詰まらず、塗りやすい固さになりますが、水を入れすぎるとゆるくなってタルトにしみ込んでしまいます。また、**何度も加熱しなおすと煮詰まり、のびにくくなります。**

15 並べる

バナナの輪切りをクレームダマンドの上に並べていく。

16 オーブンで焼く

180度のオーブンで35～40分焼く。

17 さらに焦げ目をつける

もしあればバーナーでバナナだけあぶり、おいしそうな焼き目をつける。上記参照。

18 ジャムを煮る

仕上げ用のあんずジャムを煮溶かす。上記参照。

Q バナナを並べるポイントは？

A **ふちぎりぎりに、中央は少なくのせます。**

重ならないように並べます。外周はタルトのふちぎりぎりに、内側は火が通りにくいのでぎっしりのせすぎないように。押し込まずのせるだけでOK。

Q 焼き上がりの目安は？

A **焼き縮みができていれば焼けている証拠。**

タルトのふちから中心まで色づくまで焼きます。**タルトリングと生地の間に隙間（焼き縮みが起きている）があればOK。**

タルトリングをはずす

粗熱が取れたら、そっとタルトリングを持ち上げてはずす。

Q 煮溶かすポイントは？

A **沸騰させ、完全に液状にします。**

裏ごしタイプのジャム（P40参照）を小鍋に入れ、2割程度の水を加えます。焦がさないように混ぜながら**中火にかけて一度全体を沸騰させ、ジャムを完全に液状になるまで煮ます。**

20 **のポイント**

アーモンドスライスはローストする

生のアーモンドスライスでは香ばしさが出ないので、ローストします。**天板に広げ、170度のオーブンで6〜8分素焼きします。途中焼きムラができるときは全体を混ぜてさらに数分、焦がさないよう注意して焼きます。**

19 ジャムを塗る

タルトの上面にジャムを塗り広げる。後でアーモンドをのせるので、ふちまで塗る。

20 ローストする

生のアーモンドスライスをローストする。上記参照。

21 アーモンドをつける

ふちにローストしたアーモンドスライスをのせる。

22 仕上げ

ふちに溶けない粉糖をふって仕上げる。

Q 上手な塗り方は？

A **刷毛を寝かせて広げるように塗ります。**

ジャムが熱いうちに手早く塗り広げます。**刷毛を寝かせてスーッと広げていくように、**ふちまで塗りましょう。**何度も塗りなおしたり、冷めてくるとジャムがもったりとして厚塗り**になるので注意します。

Q ふちに粉糖をふるコツは？

A **ふちの近くでふります。**

溶けない粉糖が中心までかからないよう**ふちだけピンポイントに。部分的にふるときはシュガーシェイカーを近づけます。**茶こしの場合は、同じように近づけて、粉糖を指で押すようにします。**部分的にふるときはシュガーシェイカーがあるとふりやすい**のでおすすめです。

パートシュクレ応用ポイント

1

生地にフレーバーをつける

パートシュクレはプレーンのままクレームダマンドやフィリングなどと焼き込んだり、から焼きして詰め物をしたりしますが、パートシュクレそのものにフレーバーをつけることもできます。組み合わせる素材によってフレーバーをつけることで、よりお菓子の風味に奥行きやアクセントをつけることができます。

2

水分に多いトッピングは ひと工夫して

クレームダマンドと一緒に焼き込むフルーツが水分が多いと生焼けになることもあります。キッチンペーパーなどにはさんで十分水気を取ってから使用するようにしましょう。また、粉を軽くまぶすことで、焼いたときにフルーツの周りに粉の膜ができ、水分が生地に移りにくくなります。

3

水分の多いフィリングやクリームなどを詰めるときはから焼きをして

カスタードなどの水分の多いフィリングを詰めて焼くと、パートシュクレになかなか火が入らず、生っぽかったり香ばしさが出なかったりします。そんなときはあらかじめ生地だけを焼く「から焼き」がおすすめです。中身を詰めてもう一度焼くときは「半焼き」に、そのままクリームやムースなどを詰めるときはしっかり焼きます。

から焼きのテクニック

1 ペーパーを敷き込む

生地を敷き込む。一度冷蔵庫で30分以上休ませる。ベーキングペーパーを型より一回り大きくカットし、切り込みを周囲に入れ、生地の上に敷き込む。

2 重石を入れる

パイ重石をふちの高さまで詰め、180度のオーブンで15分ほど焼く（焼き時間は大きさにもよる）。

3 焼き上がり

ふちに焼き色がついていたらオーブンから出し、粗熱を取る。

4 重石を取る

重石とベーキングペーパーをそっと取り除く。まだもろいので注意して扱うように。ここで半焼き状態。完全に焼ききる「から焼き」にするときは、さらに180度で全体に香ばしい焼き色がつくまで焼く。

パートシュクレの
シンプルアレンジ❶

水気の多いフルーツをタルトに焼き込む

Tarte au Pamplemousse
タルト・パンプルムース 上

Tarte aux Abricots Coco
タルト・アブリコ・ココ 下

サクサクのパートシュクレを土台に、甘酸っぱいあんずをココナッツと一緒に焼き上げます。缶詰のコンポートをタルトに焼き込むときは、適した量やしっかりとした下準備が重要なポイントに。グレープフルーツのように水分の多い柑橘系をのせて焼く場合も同様です。

型準備

なし。バターを塗る必要はない。

材 料 直径18cm底取れタルト型1台

●パートシュクレ
- 薄力粉 ………………… 70g
- 粉糖 …………… 25g
- 無塩バター ……… 35g 冷蔵庫に入れておく
- 卵黄 ……………… 1個 冷蔵庫に入れておく
- オレンジの皮のすりおろし ………………… 1/4個分
- ココナッツファイン … 15g

●具材
- あんず（缶詰） …… 8切れ
- 薄力粉 ……………… 少々

●クレームダマンド
- 無塩バター ……… 50g 室温に戻しておく
- 砂糖 …………… 50g
- 全卵 …………… 50g 室温に戻しておく
- アーモンドパウダー… 50g

●トッピング
- あんずジャム（裏ごしタイプ） … 適量
- 水 ……………………… 適量
- ココナッツロング …… 適量 ココナッツファインでもよい
- 溶けない粉糖 …………………… 各適量

下準備

P89 ～ 92と同様にパートシュクレを作り、型に敷き込む。
ここでは底付きのタルト型を使用するので、型に生地を敷き込んだら必ずフォークで底全体に穴をあける（ピケする）。火の通りをよくし、底が浮いたり焼き縮みを防ぐ役割をする。**シナモンパウダーのかわりにオレンジの皮、ココナッツファインを加えてクレームダマンドを作り、平らにのせる。**
◆あんずはシロップをよく切り、半分にカットする。キッチンペーパーにはさみ、しばらくおいて十分に水気を取る。

焼き時間の目安 180度 35～ 40分

タルト・アブリコ・ココを作る

1 あんずに粉をふる

水気を切ったあんずに薄力粉少々を茶こしでふりかけ、裏側にもふりかける。

2 並べて オーブンで焼く

クレームダマンドの上にあんずを並べ、180度のオーブンで35 ～ 40分焼く。

3 焦げ目をつける

焼き上がりにバーナーであんずに焼き色をつけるとよりおいしそうな見た目に。

4 トッピングする

P93 ～ 94を参照し、あんずジャムを塗り、ふちをココナッツロングと粉糖で飾る。

Q どうしてあんずに粉をまぶしておくの？

A **生地が生っぽく焼けるのを防ぎます。**

水分の多い缶詰のフルーツを粉でコーティングすることで、焼いている間にフルーツの水分が生地に移って生っぽく焼けてしまうのを防ぎます。カットしたらペーパーで十分水気を取っておくのもポイント。

Q 並べるポイントは？

A **タルト生地ぎりぎりに寄せて並べます。**

まず外周から少し間をあけて11切れのせます。焼いている間に少し内側に流れるので、**外周はタルト生地ぎりぎりに寄せてのせるように。**内側には花弁のように5切れのせます。

◆タルト・パンプルムースの場合
パートシュクレはタルト・アブリコ・ココと同じ材料。
クレームダマンドは、材料のオレンジの皮のすりおろしをグレープフルーツの皮のすりおろしに差し替える。
具材には生のルビーグレープフルーツを使用。房から実だけを取り出し、薄力粉をまぶしてのせ、同様に焼いて仕上げる。
上にはあんずジャムを塗り、周りに粉糖をかける。

型準備

なし。バターを塗る必要はない。

材料 直径 12cm
底取れタルト型 2 台分

●パートシュクレ
薄力粉 …… 70g
粉糖 …… 25g
無塩バター …… 35g
冷蔵庫に入れておく
卵黄 …… 1個分
冷蔵庫に入れておく

●クレームダマンド
無塩バター …… 35g
室温に戻しておく
砂糖 …… 35g
全卵 …… 35g
室温に戻しておく
アーモンドパウダー …… 35g
ラム酒 …… 4g

●シュトロイゼル
無塩バター …… 15g
粉糖 …… 15g
薄力粉 …… 30g
水 …… 2g

●トッピング
好みのフルーツ（オレンジ、
洋梨（缶詰）、栗渋皮煮、
あんず（缶詰）、
ドライプルーンなど …… 適量
あんずジャム
（裏ごしタイプ） …… 適量
水 …… 適量
溶けない粉糖 …… 各適量

下準備

クレームダマンドは P92を参考にして作る。ここではシナモンパウダーを使わず、ラム酒だけで風味をつける。

焼き時間の目安
170度25 ～ 30分

パートシュクレのシンプルアレンジ❷

好みのフルーツとそぼろ生地をミニタルト型で焼き込む

Tarte Streusel

タルト・シュトロイゼル

可愛らしいサイズのタルト型で好みのフルーツを焼き込んでみましょう。小さめサイズはビギナーさんにも焼きやすい大きさです。ここではさらにサクサクザクザクとした「シュトロイゼル（そぼろ生地）」をふり、食感と見ためにアクセントを加えましょう。

1 土台を作る

P97の下準備と同様に土台を作る。ここではパートシュクレ、クレームダマンドを2等分にして2つの型にそれぞれ敷き込む。

2 フルーツの下準備をする

缶詰のフルーツはシロップをよく切る。フレッシュ、缶詰とも小さめにカット、または薄くスライスする。

3 シュトロイゼルを作る

フードプロセッサーに固形のままのバター、粉糖、薄力粉を入れ、バターが粉々になるまで回す。

4 そぼろ状にする

分量の水を入れ、少しずつ回してそぼろ状にする。ボウルに移して冷やしておく。

5 フルーツをのせる

下準備したフルーツを重ねない程度に並べる。たくさんのせすぎないように。

6 シュトロイゼルをふって焼く

ふちにシュトロイゼルをふる。170度のオーブンで25～30分ほど焼き、粗熱が取れたら型をはずす。

7 仕上げる

あんずジャムか赤いジャム(P45～46参照)を塗り、粉糖をふちにふって仕上げる。

Q シュトロイゼルとは?

A **そぼろ状のトッピング素材です。**

別名「クランブル」。そぼろ状のクッキーのような生地で、タルトやバターケーキ、**フルーツの上などにトッピングして焼き込むとザクザクとした食感のアクセントになります。パートシュクレ同様、バターは固いまま使うのがポイント。**

Q どのくらい回すの?

A **しっとりそぼろ状になるまでです。**

しっとりそぼろ状になれば出来上がり。混ぜすぎると一体化し、粉のねばりも出て食感も固くなるので注意しましょう。**ボウルにあけて冷蔵庫で冷やしておくとトッピングしやすくなります。**

Q シュトロイゼルののせ方は?

A **全体にかけずふちだけにふります。**

シュトロイゼルはフルーツに少しかぶるくらいにふちだけにふります。真ん中あたりはフルーツが見えるように。シュトロイゼルの食感を生かしたいならば全面にふりかけてもOK。

Q 仕上げのポイントは?

A **ジャムでつやを出し、ふちに粉糖をかけます。**

P93～94を参照し、あんずジャムをフルーツ部分に塗ります。プルーンのタルトにはラズベリーピュレ入りの**赤いジャム(P45～46参照)を塗っても。**ふちに溶けない粉糖をかけます。

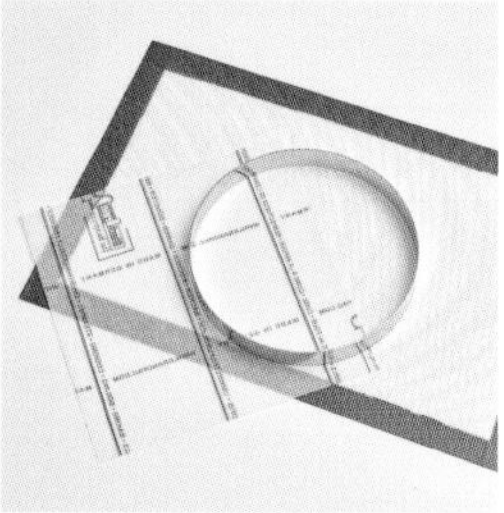

型準備

なし。バターを塗る必要はない。タルトリングより一回り大きくカットしたベーキングペーパー、またはシルパンを用意する。

材料　直径16cm・高さ2cmのタルトリング1台分

●パートシュクレ

薄力粉 …………………… 70g
粉糖 …………………… 25g
無塩バター …………………… 35g
冷蔵庫に入れておく
卵黄 …………………… 1個分
冷蔵庫に入れておく
エスプレッソ用
細挽きコーヒー ………… 4g
（なければインスタントコーヒー 2gで代用可）

●コーヒーのキャラメルヌガー

無塩バター …………………… 20g
砂糖 …………………… 20g
はちみつ …………………… 15g
生クリーム …………………… 15g
インスタントコーヒー
（粉末タイプ） ………… 4g
アーモンドスライス
…………………… 40g

下準備

P89 ～ 90を参照し、エスプレッソ用細挽きコーヒーを加えてパートシュクレを作ります。冷蔵庫で1時間以上休ませたら打ち粉をしながら直径16cm の丸形にのばし、ベーキングペーパー上においたタルトリングの底に敷き込みます。シルパンがなく、ベーキングペーパーで焼く場合は底にフォークで穴をあけておきます。

焼き時間の目安
180度15分

パートシュクレの上級アレンジ❶

下焼きしたパートシュクレにヌガーをのせて焼き上げる

Florentin Café

フロランタン・カフェ

ナッツ好きにはたまらない、大人気のフロランタン。土台のパートシュクレとトッピングするヌガーは焼き時間が異なるため、サクサク香ばしいフロランタンにするには、あらかじめ土台を下焼きしておくことがコツ。ここでは生地にもヌガーにもコーヒー風味をつけ、より大人なフレーバーに仕上げました。

1 型に敷く

コーヒーを加えたパートシュクレをタルトリングの底に敷き、一度冷蔵庫で冷やして生地を締める。

2 下焼きする

型ごとシルパンにのせ、180度のオーブンで15分ほど焼く。焼き色が薄くつく程度の焼き加減。

3 ヌガーを作る

アーモンドスライス以外の材料を小鍋に入れ、中火で混ぜながら煮詰める。徐々に濃度がついてくる。

4 アーモンドスライスを入れる

混ぜると鍋底が見えるくらいにドロッとしたら火を止め、アーモンドスライスを入れて全体を混ぜる。

5 ヌガーを流し入れる

ヌガーが熱いうちに下焼きした生地の上にあけ、全体にまんべんなく広げる。

6 オーブンで焼く

180度のオーブンで15分ほど焼く。全体に濃い焼き色がついていれば焼き上がり。

7 裏返してタルトリングをはずす

3～4分おいて表面が落ち着いたら、まな板を当てて型ごと裏返しにする。温かいうちにシルパン、タルトリングをはずす。

8 カットする

すぐに包丁で10等分にカットし、表にして粗熱を取る。

Q ヌガーの煮詰め加減は？

A **しっかり濃度がつくまで。**

煮始めはサラサラですが、煮詰まってくると泡が細かくなり白っぽくなってきます。**こそげると鍋底が見えるくらいドロッとしたらOK。**ただし煮詰めすぎるとキャラメル状に焦げるので注意。

Q ヌガーを上手に広げるには？

A **熱いうちに平らにのばします。**

ヌガーが冷めると広げにくくなるので、**熱いうちに手早く広げ、ゴムベラで押し付けるように平らにして均等にします。**このとき凸凹していると焼きムラが出てしまうので注意。

Q なぜ裏返してカット？

A **きれいにカットするためです。**

まだやわらかいヌガーを上にしたまま包丁を入れると、アーモンドスライスがめり込んできれいにカットできないからです。**焼きたてをひっくり返すとヌガーがまな板にくっつくので、数分落ち着かせてから裏返し、すぐにタルトリングをはずしてカットします。**

Q カットのポイントは？

A **温かいうちに押し切りにします。**

生地が完全に冷めてしまうと固くなり、無理に切ると割れてしまうので温かいうちに包丁で押し切りにします。のこぎりのように引いて切るのはNG。冷めたら密閉容器に入れて冷暗所か冷蔵庫で保管しましょう。

型準備

なし。バターを塗る必要はない。

材 料
ふちの直径7.5cm·高さ2.5cmの
タルトカップ4個分

●パートシュクレ
薄力粉 ……………………… 70g
粉糖 ………………………… 25g
無塩バター ………………… 35g
冷蔵庫に入れておく
卵黄 ………………………… 1個
冷蔵庫に入れておく

●クレームマロン
マロンペースト ………… 100g
全卵 ………………………… 正味55g
砂糖 ………………………… 10g
ヘーゼルナッツパウダー
……………………… 10g

●具材
栗の渋皮煮 ……………… 小6個
キッチンペーパーで
水気を取っておく

●ダクワーズノワゼット
卵白 ………………………… 40g
砂糖 ………………………… 18g
薄力粉 ……………………… 8g
ヘーゼルナッツパウダー
……………………… 45g
粉糖 ………………………… 45g

●トッピング
粉糖、ヘーゼルナッツ、
栗の渋皮煮 ………… 各適量

下準備
P89 ～ 90と同様にパートシュクレを作り、冷蔵庫で1時間以上休ませておく。

◆ヘーゼルナッツパウダーは、皮付きのまま挽いてあるので香ばしい風味がある。焼き菓子作りでアーモンドパウダーのかわりに使うと少し個性的な風味に。

焼き時間の目安
180度25 ～ 30分

Arrangement avancé

パートシュクレの上級アレンジ❷

マロンのフィリングとヘーゼルナッツのダクワーズ生地を小さなタルトに焼き上げる

Piemont
ピエモン

サクサクのパートシュクレ、しっとりどっしりのクレームマロン、サクッふわっと香ばしいダクワーズ生地。まったく違う質感の組み合わせがおいしい食感を作り出します。ダクワーズ生地にはマロンと相性のよいヘーゼルナッツパウダーを使って、より香ばしく個性的なフレーバーにしています。

1 生地をのばす

生地を4等分し、打ち粉をしながら麺棒で直径約12cm、厚さ2.5～3mmくらいの円形にのばす。

2 型に敷き込む

P91を参照して型に敷き込む。同じ厚みで底、側面にぴったりと生地が敷き込まれているように。

3 ふちを切る

一度冷蔵庫で冷やした後、ナイフを外側にスライドさせるようにしてふちをすり切る。

4 ピケする

生地の底にフォークでまんべんなく穴をあけ（ピケ）、生地に火が通りやすく、底生地が浮かないようにする。

5 クレームマロンを作る

フードプロセッサーにマロンペーストだけを入れ、回してそぼろ状にほぐす。

6 卵を加える

全卵を2回に分けて加え、その都度よく回す。さらに砂糖、ヘーゼルナッツパウダーを加えて回す。

7 全体を混ぜる

クレームマロンを一度ボウルにすべてあけ、全体をゴムベラで混ぜて「混ぜムラ」をなくす。

8 タルトに入れる

クレームマロンを4等分にして4に流し、半分にカットした栗の渋皮煮を3切れずつのせる。

Q クレームマロンのポイントは？

A **なめらかなクリーム状に。**

マロンペーストは固いペースト素材なので、**一度よくほぐしておいたほうが他の材料を混ぜ込みやすくなります。**液状の全卵は混ざりにくいので、**一度に入れず二度に分けてその都度なめらかになるまでよく回します。**最後に砂糖、ヘーゼルナッツパウダーを加えます。

Q どうして一度ボウルにあける？

A **混ぜムラをなくすためです。**

フードプロセッサーでは混ざりきらない部分ができるので、**一度ボウルに出し、全体をまんべんなく混ぜてから使うようにします。**

Q 栗渋皮煮を入れるときのポイントは？

A **水気を切っておき、押し込みます。**

栗の渋皮煮はあらかじめキッチンペーパにはさんで十分水気を取っておき、半分にカットします。クレームマロンの上に3切れずつのせ、軽く押し込みます。ここで押しておかないと、ダクワーズノワゼットを均等に絞りにくくなります。

9 ダクワーズノワゼットを作る

メレンゲを作る。卵白を泡立て、途中2回に分けて砂糖を加える。

10 しっかり泡立てる

ピンとツノが立つくらい、しっかりと固いメレンゲにする。

11 粉類を入れる

薄力粉、ヘーゼルナッツパウダー、粉糖を合わせてふるい入れ、ゴムベラで全体を混ぜる。

12 混ぜる

粉っぽさがなくなったら混ぜ終わり。メレンゲがまだらに少し残っている程度でよい。

13 口金で絞る

サントノーレ口金をつけた絞り袋にダクワーズノワゼットを入れ、ふちから中心に向かって絞る。

絞りの横にぴったりつけて、隙間なく絞っていく。ほんの少しカーブさせるように。

同じ大きさ、ペースで放射状に絞っていく。たっぷりとボリュームを出して。

花弁のように美しい絞りに。気泡が消えないうちに手早く絞る。

Q サントノーレ口金のサイズは？

A **V字部分の切り込みが15mm の、小さめの15号です。**

もしサントノーレ口金がないときは手持ちの口金で OK。**大きめの丸口金や星口金でタルトの上面が埋まるようボリュームを出して絞ります。**

Q 絞るポイントは？

A **絞り袋を垂直に持って。**

口金をつけた絞り袋の半分くらいまでダクワーズノワゼットを入れ、垂直に持ちます。絞り始めはふちより1センチくらい内側から。最初はギュッと出し、生地がふちより飛び出さないくらいまで出たら、中心に向かってほんの少しカーブさせながら絞ります。

Q ダクワーズノワゼットのメレンゲのポイントは？

A **ボリュームのある固いメレンゲに。**

卵白を泡立て、ボリュームが出始めたら砂糖を2回に分けて加えてその都度よく泡立てます。最初から砂糖を加えると泡立ちにくく、ボリュームのないメレンゲになるので注意。泡立て器を持ち上げるとピンとツノが立つまで固く泡立てましょう。

Q ダクワーズノワゼットを合わせるポイントは？

A **下からすくい上げるようにして丁寧に。**

ゴムベラで下からすくい上げるようにして丁寧に全体を合わせます。**なるべく気泡を消さないようにします。粉類をふるうとヘーゼルナッツの皮が残りますが、皮に香ばしい風味があるので捨てずに加えましょう。**

Q どのくらいで混ぜ終えるの？

A **粉がやっと見えなくなったくらいでOK。**

粉がやっと見えなくなり、メレンゲの白い部分がうっすら残っている状態。メレンゲの気泡を消しすぎないように注意しましょう。

14 粉糖をふる

茶こしで粉糖をたっぷりふり、カットしたヘーゼルナッツを散らす。

15 オーブンで焼く

180度のオーブンで25～30分ほど焼く。

16 トッピングする

トッピングの栗渋皮煮の水分をよく取り、1個と半分に切ったものをのせる。

断面

Q なぜ焼く前に粉糖をふる？

A **絞りがダレないようにするためです。**

たっぷりと粉糖をふることで表面に粉糖の膜ができ、絞りの形がダレにくくなります。また焼いたときに表面はカリッとザクッとし、中はしっとりと焼き上がります。ここは普通の粉糖でOK。カットしたヘーゼルナッツをのせ、軽く押し込みます。

Q 焼き上がりの目安は？

A **しっかりと色づくまで焼きます。**

ふちのタルト生地までしっかりと色づくまで焼きます。**生地が少し型から離れてくる「型離れ」ができているのが目安になります。**粗熱が取れたら型をそっとひっくり返すと、するっと抜けます。冷めたら軽く粉糖をふりなおし、トッピングをします。

パートシュクレの
上級アレンジ❸

厚めに敷いた生地に フィリングを 詰めて焼き上げる

Engadine

森のくるみのエンガディーナ

厚めのパートシュクレにたっぷりのキャラメル & くるみをはさみ、じっくりと焼き込むエンガディーナです。生地にはほんのりさわやかなレモンの香りをプラスし、フィリングにはラムレーズンも加えて風味に奥行きを持たせました。どっしり濃厚、一切れだけでも満足感のある逸品です。

型準備

なし。バターを塗る必要はない。

材料　24×10cm底取れ長方形タルト型 1台分

下準備

P89 ～ 90を参照し、パートシュクレを作り冷蔵庫で休ませます。ここではレモンの皮のすりおろしも入れて生地を作ります（皮は表皮の黄色いところだけすりおろします）。このレシピでは敷き込み用に250g かぶせる蓋用に150g 使い、残りの生地を飾りに使います。

●パートシュクレ

- 薄力粉 ………… 210g
- 粉糖 ……………… 75g
- 無塩バター ……… 105g
  冷蔵庫に入れておく
- 卵黄 …………………… 3個
  冷蔵庫に入れておく
- レモンの皮 … 1/2個分

●キャラメルフィリング

- 砂糖 ……………… 70g
- 水 …………………… 25g
- 生クリーム ……… 70g
- はちみつ ………… 10g
- 無塩バター ……… 10g
- くるみ ……………… 80g
- ラムレーズン ……… 35g

●塗り卵

- 卵黄 …………… 1個分
- インスタントコーヒー（粉末タイプ） …… 少量
- 水 …………………… 少量

◆くるみ

製菓材料店などで販売されているのは生くるみが多いので、あらかじめローストして香ばしさを出しておく。180度のオーブンで8 ～10分くらい香ばしく焼き、ざっくりと刻んでおく。細かくしすぎないよう注意。

※ラムレーズンはざるにあけ、さらにキッチンペーパーに広げて十分に水気をきっておく。

焼き時間の目安　180度35～ 40分

1 型に敷き込む

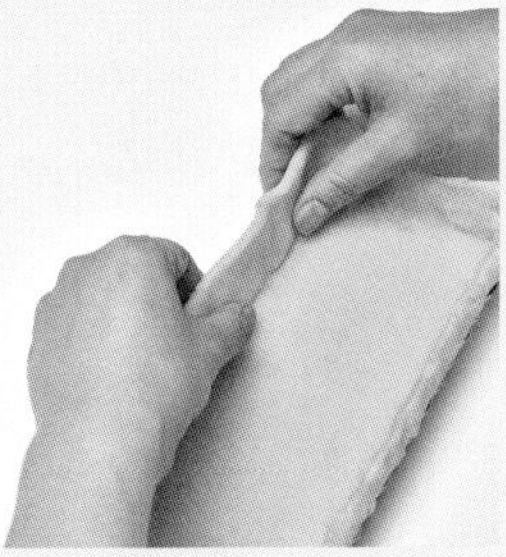

生地250g を型に敷き込む。ここでは一回り大きい長方形にのばしてぴったり敷き込む。

2 ピケして冷凍する

生地を冷蔵庫で休ませてからふちの余分をカットし、フォークで底に穴（ピケ）をまんべんなくあけて冷凍する。

3 キャラメルフィリングを作る

砂糖と水を煮詰め、キャラメル色まで焦がす。すぐに温めた生クリーム、はちみつを加える。下記参照。

4 煮詰める

再び火にかけてつねに混ぜながら煮詰める。115度になったら火を止め、バターを加える。下記参照。

Q なぜ型に敷いてから冷凍するの？

A キャラメルフィリングがめり込まないように。

冷凍庫で生地をカチカチにしておくことで、後でキャラメルナッツのフィリングを押し込んだときに**生地にめり込まないようにします。**

Q キャラメルの焦がし加減は？

A 濃いめのキャラメル色になるまで焦がします。

砂糖と水を鍋に入れて中火にかけ、煮詰まって濃いめのキャラメル色になったら火を止めます。**焦がし加減が足りないとキャラメルのほろ苦さや香ばしさが出ず、甘いだけになります。**

3、4 のポイント

キャラメル作りはやけどに注意！

蒸気でやけどをしないように注意します。**熱い蒸気や跳ねから手を保護するために、手袋をして作るのがおすすめ。**はちみつは風味と食感のために加えます。

5 具を加える

ローストして粗く刻んだくるみ、ラムレーズンを加えてキャラメルソースをあえ、キャラメルフィリングを作る。

6 冷ます

この後タルト生地が溶けないように十分冷ましておく。

7 フィリングを入れる

冷凍したタルト生地にキャラメルフィリングを入れる。上から押さえてならす。

8 生地をのばす

残りのパートシュクレから150gを取り、打ち粉をしながら型のサイズ（24×10cm）より少し大きめにのばす。

9 生地をかぶせる

のばした生地を7の上にかぶせ、蓋をしてふちの余分な生地を取り除く。

10 型抜きする

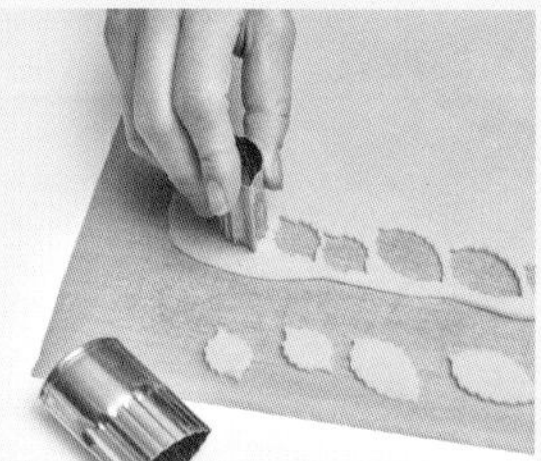

残りのパートシュクレをのばして型抜きする。ここでは小さめの葉っぱ型2種を使用。

11 塗り卵を作る

インスタントコーヒーを数滴の水で溶き、溶いた卵黄に加えて混ぜる。下記参照。

Q キャラメルフィリングはなぜ冷ます？

A **生地が溶けるからです。**

生地が溶け出し、「ショートニング性」が失われてサクサクに焼き上がらないためです。フィリングは高さが平均になるよう、ゴムベラなどで押さえて隙間なく押し付けるので、生地をめりこまないよう、**プロセス2で冷凍して固くしておきます。**

Q 蓋をするコツは？

A **空気が入らないように密着させます。**

生地をかぶせたら空気が入らないように密着させます。型のふちに押し付けるようにして余分な生地を押し切ったら、冷蔵庫に入れておきます。あとで飾り用の型抜きに使いましょう。

Q きれいに型抜きするには？

A **のばしたら一度冷凍し、型抜きします。**

残りのパートシュクレをすべて合わせ、打ち粉をしながらベーキングシートの上に**2～3mm厚さにのばし、冷凍庫に入れて固めます。**シートをはがし、**好みのクッキー型で抜き、そのまま再度冷凍庫に入れておきます。**

11のポイント

加える水の量に気をつける

あまり水を多く加えると薄い塗り卵になり、流れてしまったり**つやが出なくなるので少量の水で溶くように。**コーヒーを加えることで焼き色が少し濃いめにつき、おいしそうな色合いになります。

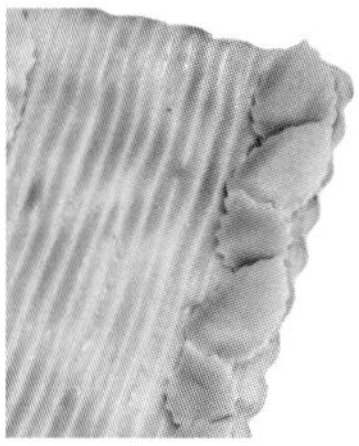

13 **のポイント**
のせた飾りにも塗り卵を両側に少しずつ重ねながらのせます。残り生地を小さく丸めて「実」のようにちりばめても。**のせた生地にも塗り卵をし、好みで竹串の先で葉脈を描きます。**

12 塗り卵を塗る

上面に刷毛でムラなく塗り、小さなフォークで模様を描く。

13 飾りをのせる

クッキー型で抜いた生地をふちにのせ、塗り卵を塗る。上記参照。

14 空気穴をあける

目立ちにくいところにまんべんなくナイフで小さな空気穴をあける。

15 オーブンで焼く

180度のオーブンで35～40分焼く。粗熱が取れたらそっと型から出す。

Q 塗り卵と模様つけのポイントは？

A 均等に塗り、フォークで削ります。

塗り卵は刷毛を寝かせるようにしてスッと均等にのばします。模様は**削りすぎないように気をつけて、フォークを寝かせて描きます。**

Q なぜ空気穴が必要？

A フィリングがあふれ出ないようにするため。

生地を焼いている間にキャラメルフィリングが**沸騰し、脇などからあふれることがあるので空気穴をあけます。**模様のラインなどに沿って目立たないところに8～10か所くらいナイフの先であけます。

Q 型のはずし方は？

A 粗熱が取れてからそっとはずします。

粗熱が取れたら型ごとベーキングペーパーなどの上に逆さにのせ、そっと側面の型をはずし、さらにナイフの先などで底板をはがします。温かいうちは折れやすいので注意しましょう。

第5章

「バリバリザクザク」バターを粒状にして使う

パートブリゼのレッスン

バターを粒状に散らした状態の生地を高温で焼くと、バターが一気に沸騰して
生地を「揚げた」ような状態にし、パリッ、ザクザクッとした食感になります。
ここでは粒状のバターで作る
「パートブリゼ（バリバリと砕ける生地）」をマスターします。

粒状バターで作る生地のポイント

1
バターは冷えて固いまま使う

フードプロセッサーまたはナイフやカードでバターを粉とともに切り刻む。最終的にバターの粒が残っているように、バターは冷えて固いまま使うのがポイント。バターの粒は大きすぎても、粉となじむほど細かくなってもNG。程よい大きさに。

2
混ぜすぎず、休ませることがポイント

水分を加えた後、混ぜすぎると粉のねばり（グルテン）が出すぎてしまい、焼き上がりがガリッとした固い食感になるので、練りすぎないように。また生地を休ませてグルテンを弱めるようにします。

3
生地に加える水も冷やしておく

バターを粒状のまま残すようにするために、生地に加える水は冷やしておく、できた生地は一度冷蔵庫で冷やす、生地をのばすときもバターが溶け出さないよう手早く作業する、などいくつかのポイントを押さえましょう。

「バリバリザクザク」

粒状のバターで作る、バリバリザクザクの生地

Carré Pomme

基本生地
パートブリゼ
キャレ・ポンム

ザクザクパリッと香ばしい、ほんのり塩味のパートブリゼ。
クレームダマンドとりんごのスライスをたっぷりのせてじっくり焼き込みました。

断面

型準備

なし。コーティングのない型を使うときや、型離れの悪い型は、内側に薄くバターを塗っておく。

材料　一辺 15cm の底取れ正方タルト型（約 440㎠）1 台分

●パートブリゼ
- 強力粉 …… 35g
- 薄力粉 …… 35g
- 塩 …… 2g
- 砂糖 …… 10g
- 無塩バター …… 35g
  冷蔵庫に入れておく
- 冷水 …… 25g
  冷蔵庫に入れておく

●クレームダマンド
- 無塩バター …… 40g
  室温に戻しておく
- 砂糖 …… 40g
- 全卵 …… 正味40g
  室温に戻しておく
- アーモンドパウダー …… 40g
- ラム酒 …… 5g
- シナモンパウダー …… 適量

●具材
- 紅玉りんご …… 中1個と1/4個
- ラムレーズン …… 30g
  水気を切り、キッチンペーパーで余分な水気を取る
- グラニュー糖、シナモンパウダー …… 各適量

●デコレーション
- あんずジャム（裏ごしタイプ）…… 適量
- 水 …… 適量
- 溶けない粉糖 …… 適量

焼き時間の目安　190度45 ～ 50分

動画レッスンはこちら

×失敗例1

焼き上がりの生地に穴があく

●原因
バターの粒が大きすぎる。

バター粒が大きいままタルトにすると、焼き上がったとき生地がもろくなって穴があいたり、ムラ焼けしてしまうことも。**程よい大きさにするのがポイント。**

1 パートブリゼを作る

フードプロセッサーに強力粉、薄力粉、塩、砂糖、冷えたままのバターを入れる。

2 少しずつ回す

フードプロセッサーを小刻みにプッシュして少しずつ回していく。バターを5 ～ 6mm角程度の細かい粒状にする。

Q　なぜバターは冷たいまま？

A　**強くパリッとした食感にするためです。**

生地の中にバター粒が残っていることでザクッとした食感が生まれます。バターをやわらかくしてしまうと混ぜる段階で溶け出し、粉となじんでしまうため、この食感にはなりません。また**薄力粉だけでなく強力粉を加えるのも、強い歯ごたえのある食感にするためです。**

Q　なぜプッシュで回すの？

A　**混ぜすぎないようにするためです。**

フードプロセッサーは便利ですが、あっという間にバターが粉状になってしまうので、少しずつプッシュして様子を見ながら回して5 ～ 6mm 角程度の細かい粒が残っているようにします。粉々にするとパリッとしたパイの食感ではなく、クッキーのような食感に。

最初からボウルで作る場合
強力粉、薄力粉、塩、砂糖をボウルに入れ、1cm角に切った冷えたバターを加えてカードで切り込む。冷水を加えて切り込むように混ぜ、**粉っぽい生地に仕上げる。**

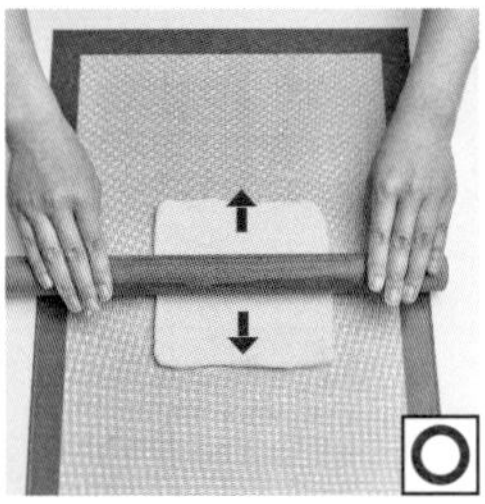

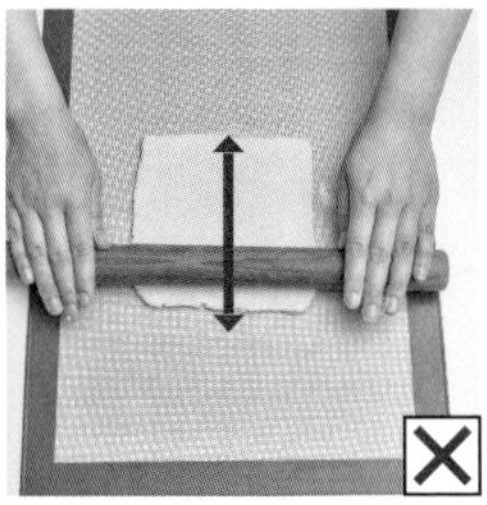

6 **のポイント**

麺棒は中央から動かす
麺棒で生地の真ん中から向こう側へのばし、また真ん中に戻って手前にのばすと均等にすることができます。前後に行ったり来たりするとムラが出て、均等にのびません。

3 ボウルに入れる

大きめのボウルにあけ、冷水を加える。カードで切るように全体を合わせていく。

4 そぼろ状になる

しっとりそぼろ状になり、一部まだ粉っぽいくらいで出来上がり。

5 ポリ袋に入れる

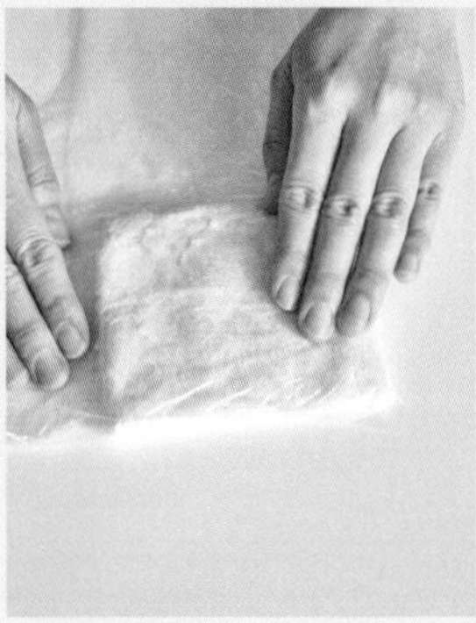

ポリ袋に入れ、上から越しに押さえてひとまとめにする。板状にのばして冷蔵庫で1時間以上休ませる。

6 のばす

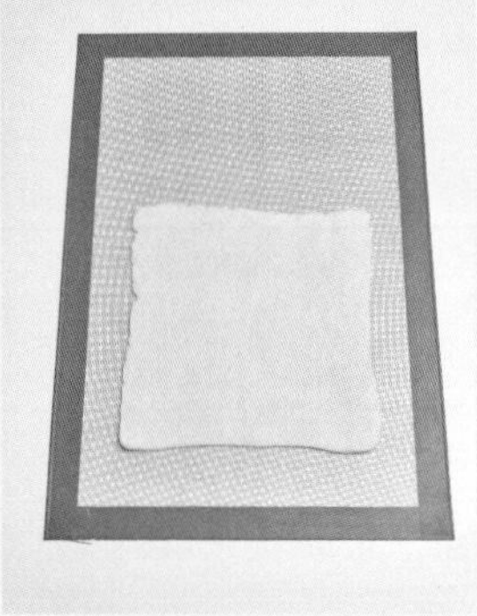

打ち粉（分量外・強力粉がおすすめ）を軽くふりながら麺棒で型より一回りほど大きい正方形にのばす。上記参照。

Q 合わせるポイントは？

A 加える水を冷やしておきます。

水を冷たくしておけばバター粒が溶けにくく、粉のねばりが出にくくなります。カードで**サクサクと切るように混ぜて、**ボウルの底からたまにひっくり返す、を繰り返します。**バターの粒が大きすぎるものがあったら刻んでおくようにしましょう。**

Q どのくらいまで混ぜる？

A 少し粉っぽさがある程度でOK。

全体がしっとりそぼろ状になりつつ、まだ下のほうに少し粉っぽさがある程度でOK。完全にまとまるくらいしっかり**混ぜたりこねたりすると、ねばりが出て食感が固くなったり、生地をのばして焼いたときに縮みが大きくなります。**

Q なぜ生地を休ませる？

A ねばり（グルテン）を弱めるため。

生地を合わせたときにできるねばり（グルテン）は、休ませると弱まってザクザクと心地よい食感に。**粉っぽい状態の生地もポリ袋にまとめて休ませることで水分が全体に回り、まとまってのばしやすい状態になります。**このまま冷凍庫で2週間まで保存可能。解凍は冷蔵庫で。

Q 上手にのばすポイントは？

A 生地がやわらかくなったら冷やしながらのばします。

打ち粉（強力粉）をしながら麺棒で24cm四方、3mm厚さの正方形にのばします。**作業がしにくくなったら、冷蔵庫で冷やしながら進めるように。**縮みの強い生地なので、少し大きめにのばすようにします。

✕ 失敗例 2　**ふちがきれいにカットできない**

●原因　**生地が温まり、ダレてしまったため。または押して切ろうとしたため。**

型に敷いた後、冷蔵庫で休ませずにすぐ切ると、生地がやわらかいため上手に切ることができない。また、**包丁を押すように切ると生地がよれる原因となり、カット面がきれいにならないので注意。**

7 型にゆるく敷き込む

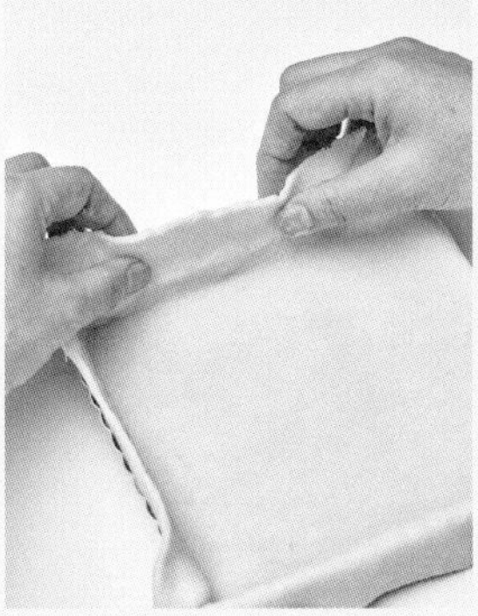

型に生地をふんわりとかぶせ、ゆるめに敷き込む。

8 一度休ませる

徐々に縮んでくる生地なので、ダブつくくらいゆったりと生地を入れ込んでおく。冷蔵庫で30分以上休ませる。

9 ぴったりと敷き込む

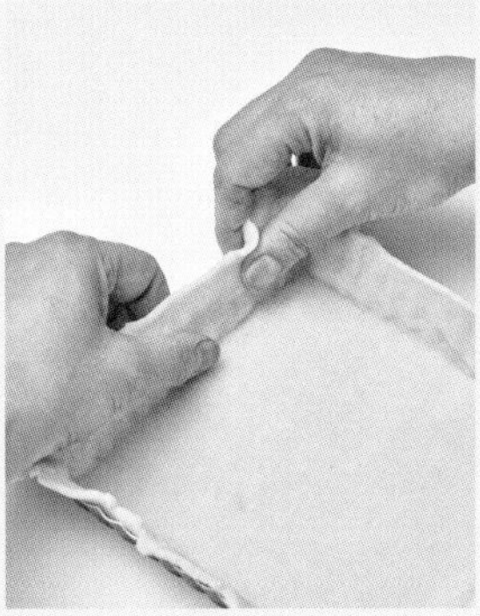

改めて生地を親指の腹でぴったりと側面、角、底に貼りつける。

10 ふちをカットする

ナイフで外側にすり切るようにしてふちをカットする。

Q 型にかぶせるときの注意点は？

A **ふんわりとかぶせます。**

麺棒で向こう側からそっと巻き取り、タルト型の上に押し付けないようにしてふんわりとかぶせます。

Q なぜ一度ゆるく敷いて休ませる？

A **大きな縮みを防ぐためです。**

生地を型に敷き込むとき、最初からぴったりと貼りつけてそのままカットすると、徐々に生地が縮んでふちが下がってしまいます。そこで一度生地がダブつくくらいゆるりとした状態に敷き、**そのまま冷蔵庫で30分以上休ませます。冷やすことで生地が縮み、締まります。改めてぴったりと型に貼りつけるとふちをカットした後も縮みが小さくなります。**

12のポイント　材料をよく混ぜ合わせる

クレームダマンドは材料を順に加えて混ぜるだけ。 やわらかくしたバターに砂糖を２回に分けて加えます。砂糖が混ざったら溶いて室温に戻した全卵も２回に分けて加えて混ぜます。続いてアーモンドパウダー、ラム酒、シナモンパウダーを順に加えて混ぜます。

11 穴をあける

生地を型に敷き込んだら、底にフォークでまんべんなく穴をあける（ピケ）。

12 クレームダマンドを作る

バターをクリーム状（P11参照）に練り、材料を順に混ぜ合わせて作る。上記参照。

13 流し入れる

クレームダマンドを生地の上に流し入れてならす。上にラムレーズンを散らす。

14 りんごを切る

りんごを皮をむき、4つ割りにして芯を取る。薄いいちょう切りにする。

Q　なぜピケする？

A　**焼き縮みを防ぎます。**

均等な厚みでぴったりと敷かれている生地の底に、フォークでまんべんなく穴をあけます。これを「ピケ」といい、焼き縮みを少なくし、火の通りをよくするためにします。 焼いている間に生地の底が浮くのを防ぐ役割も。

Q　フィリングを詰めるポイントは？

A　**入れてならしておきます。**

クレームダマンドを生地の上に流し、**ラムレーズンを散らしたら、上からフォークなどで軽く押し付けるようにラムレーズンを押し込んで**おきます。この後りんごのスライスがのせやすくなります。

Q　スライスの厚みは？

A　**なるべく薄めに均等に切ることが大切です。**

2～3mm 厚さのなるべく薄め、均一にしておくと火が通りやすく並べたとき美しく見えます。 後でスライドさせてのせるので、ばらばらにならないようにくっつけたままスライスします。

×失敗例３　生っぽい焼き上がりに

●原因　**焼き時間が足りない、
または温度が低いため。**

りんごが白く生っぽいと、まだ焼き足りない状態。生地も白っぽく、この状態だとクレームダマンドにも火が入り足りない。りんごがこんがり焼けて、水っぽさがなくなるまで焼く。

15 並べる

りんごの薄切りをクレームダマンドの上に並べていく。

16 グラニュー糖をかける

りんごの上にグラニュー糖をまんべんなくふり、シナモンパウダーもふる。下記参照。

17 焼く

190度のオーブンで45～50分焼く。

18 焼き色をつける

もしあればバーナーで焼き上がりにりんごにおいしそうな焼き色をつける。

Q 並べ方のポイントは？

A スライドさせて重ねるように並べます。

りんごを写真のように少しずつ横にスライドしてから、端から1列ずつのせていきます。2段目は1段目に少し重ねるようにしてのせ、5段でバランスよくのせきります。りんごの重なりにバラツキが出ないように、同じペースでのせていくように。**端の小さなものは最後に角などの微調整に使うとよいでしょう。**スライスを美しく並べておくと焼き上がりもきれいに。

16 のポイント

グラニュー糖はたっぷりめにふる

りんごは生のままたっぷりのせるので、**少し多めにグラニュー糖をふることで**おいしそうな焼き色と香ばしさが出ます。シナモンパウダーはお好みでOK。

Q 焼くポイントは？

A 少し高めの温度で焼きます。

少し高めの温度で焼きます。そうするとパートブリゼのバターが一気に沸騰し、周りの粉の生地がパリッと焼き上がります。**しっかりと生地が濃いめに色づくまで焼くようにします。**

×失敗例 4　ジャムがダマになる

●原因　**溶かすときに沸かし足りない、または加える水が少ないため。**

ジャムを沸かすときは2割程度の水を加え、**完全に液状になるまで混ぜながら沸かすように。**水を入れすぎるとゆるくなり、りんごに吸収されてしまうので注意。**塗っている間に固まってきたら、温めて溶かすように。**

19 型から出す

粗熱が取れたら型から出す。下から押し上げ、底板と生地の間にナイフをそっと入れて底板をはずす。

20 ジャムを煮る

あんずジャムを煮溶かす。

21 塗る

刷毛でタルトの上面に塗り広げる。

22 仕上げる

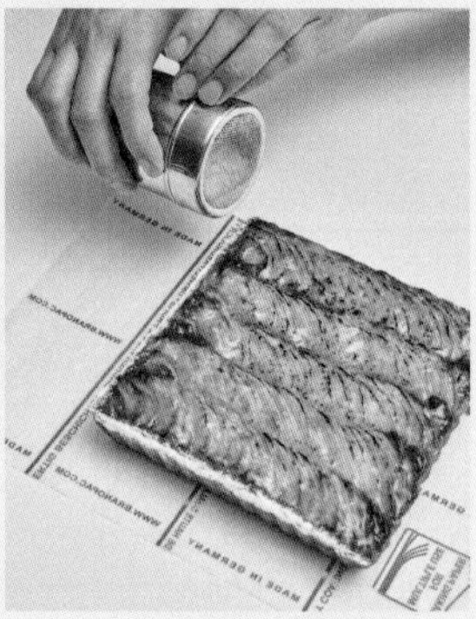

溶けない粉糖をふちにシュガーシェイカーや茶こしでふって仕上げる。下記参照。

Q 煮溶かすポイントは？

A **沸騰させ、ジャムを完全に液状にします。**

裏ごしタイプのジャムを小鍋に入れ、2割程度の水を加えます。焦がさないように混ぜながら**中火にかけて一度全体を沸騰させ、ジャムを完全に液状になるまで煮ます。**

Q 上手なジャムの塗り方は？

A **刷毛を寝かせてスーッと広げていくように塗ります。**

ジャムが熱いうちに手早く塗り広げます。刷毛を寝かせてスーッと広げていくように、ふちまで塗っておきます。ジャムを厚塗りして甘くなりすぎたり、重ね塗りで凸凹になったりしないように注意しましょう。

22 のポイント

ふりたい場所に近づける

溶けない粉糖が中心までかからないよう**ふちだけピンポイントに。部分的にふるときはシュガーシェイカーを近づけます。**茶こしの場合は、同じように近づけて、粉糖を指で押すようにします。**部分的にふるときはシュガーシェイカーがおすすめ**です。

パートブリゼ応用ポイント

1 二番生地の利用法

ふちを切り取った二番生地は、なるべく丸めないで重ねるようにしておき、麺棒で軽く押さえて一体化させるようにのばします。量が少ないときは冷凍庫にストックしておき、ある程度たまったらまとめて利用します。一番生地より縮みが強いので、成形するときは十分に休ませながら進めましょう。

丸めないで広げて重ねる

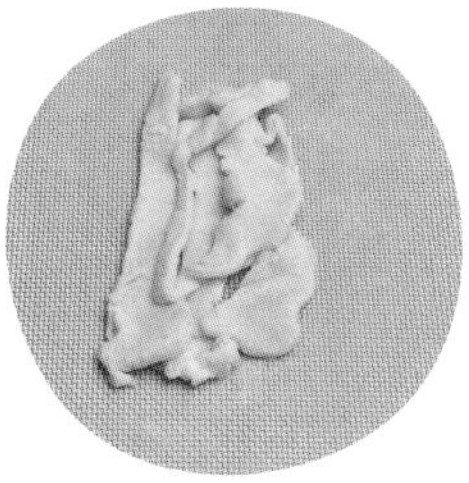

▼

のばして一体化させる

▼

他のお菓子に利用できる

2 から焼きをする

クラフティやキッシュのように、水分の多いフィリングを詰めて焼くと、パートブリゼに火が入らず、生っぽく焼けてしまう場合があります。そんなときはあらかじめ生地だけを焼く「から焼き」がおすすめです。

から焼きのテクニック

❶

生地を敷き込み、冷蔵庫で30分以上休ませてからふちを切る。縮みが強い生地なので、から焼きの場合はハサミで3mm 高く切る。

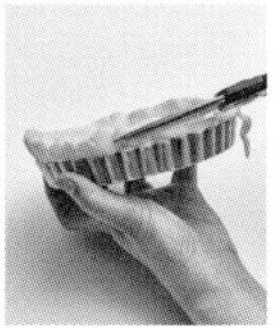

❷

ベーキングペーパーを型より一回り大きく切り、周囲に切り込みを入れ、生地の上に敷く。

❸

パイ重石をふちの高さまで詰め、190度のオーブンで15～20分ほど焼く（焼き時間は大きさに合わせて調整する）。

❹

パイ重石を取り除き、さらに190度のオーブンで焼き色がつくまで焼く（焼き時間は大きさにもよる）。

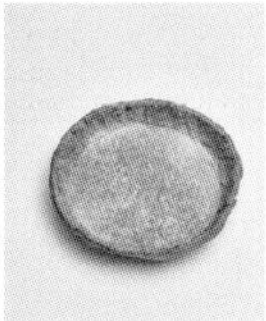

3 三つ折りにして層状に焼き上げる

折りパイほど大きく膨らんだり層状にはなりませんが、パートブリゼも三つ折りにして焼くと、ザクザクホロホロとほどけるような食感になります。バターの粒を少し大きめに残し、三つ折りを2回します。

三つ折りのテクニック

❶

バター粒を約1cm角に残して作り、冷蔵庫で1時間以上休ませる。打ち粉（強力粉）をしながら18×55cm くらいの長方形にのばす。

❷

上から1/3折り、次に下から1/3折って、三つ折りにする。麺棒で押さえてなじませる。

❸

生地を90度回し、長さ55cm くらいの長方形にのばす。

❹

再度三つ折りにし、麺棒で押さえてなじませる。ポリ袋に入れ2時間以上冷蔵庫で休ませてから使う。

パートブリゼのシンプルアレンジ

型やトッピング、仕上げをかえて焼き上げる

Pruneau Thé

プリュノー・テ 上

Poire Citron

ポワール・シトロン 下

パートブリゼの基本の組み合わせを、フレーバーやトッピング、型をかえるだけの簡単アレンジをしてみましょう。やわらかな風味の洋梨トッピングにはレモンのさわやかなフレーバーを、手軽に使えるドライプルーンにはアップルティーのフレーバーをつけ、さらにラズベリー色のジャムを塗って仕上げました。

Aménagement simple

型準備

なし。コーティングのない型や、型離れがよくない場合は薄くバターを塗っておく。

材料　24×10cmの底取れ長方タルト型1台分

◆プリュノー・テの場合

パートブリゼはポワール・シトロンと同じ。クレームダマンドにアップルティーの茶葉3g（細かくしたもの）を加え、洋梨のかわりにドライプルーンを適量のせて焼く。あんずジャムか赤いジャム（P45～46参照）を塗り、刻んだピスタチオをふる。

●パートブリゼ

- 強力粉 …………… 35g
- 薄力粉 ………… 35g
- 塩 ………………… 2g
- 砂糖 …………… 10g
- 無塩バター ……… 35g
  冷蔵庫に入れておく
- 冷水 ……………… 25g
  冷蔵庫に入れておく

焼き時間の目安
190度40～45分

●クレームダマンド

- 無塩バター ……… 45g
  室温に戻しておく
- 砂糖 …………… 45g
- 全卵 …………… 45g
  室温に戻しておく
- アーモンドパウダー … 45g
- レモンの皮のすりおろし
  ………………… 適量

●具材

- 洋梨（缶詰）
  ……… ハーフサイズ2個
- あんずジャム
  （裏ごしタイプ）…… 適量
- 水 …………… 適量
- レモンの皮のシロップ煮
  （P71参照） …… 適量
- 溶けない粉糖 …… 適量

ポワール・シトロンを作る

1 フルーツの下準備

洋梨はスライスしてペーパーで水気を十分取る。

2 型に敷き込む

P113～116を参照し、パートブリゼを作って型に敷き、穴をあける（ピケ）。

3 フルーツをのせる

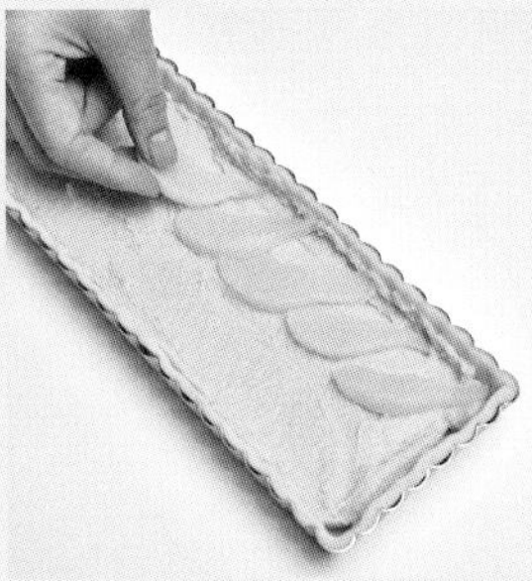

P116と同様にレモンの皮入りクレームダマンドを作る。2へ平らに流し、洋梨を重ならないように並べる。

4 オーブンで焼く

190度のオーブンで40～45分焼く。あんずジャムを塗り、レモンの皮のシロップ煮、粉糖で飾る。

Q 洋梨の準備は？

A **しっかり水気を切ります。**

缶詰の**洋梨はざるにあけ、水気を切ります。**1cm厚さのくし形切りにし、**キッチンペーパーにはさんでしばらくおきます。**シロップ漬けのフルーツは水分をたっぷり含んでいるので、**しっかり水気を切りましょう。**

Q 型に敷き込むポイントは？

A **一回り大きくのばします。**

型より一回り大きな長方形にのばし、型にぴったりと敷き込みます。冷蔵庫で休ませてからふちを切り、底にフォークでまんべんなく穴をあけます（ピケ）。再び冷蔵庫で休ませておきます。クレームダマンドにはシナモンパウダーのかわりにレモンの皮を入れて作ります。

Q 洋梨ののせ方は？

A **重ならないようにのせます。**

火の通りの悪い真ん中にぎっしりとのせると洋梨から出る水分でなかなか火が通らず、生っぽく焼けてしまうので注意しましょう。焼き上がりにバーナーで焦げめをつけても。

パートブリゼの上級アレンジ❶

三つ折り生地を巻いて焼き、生地自体のおいしさを楽しむ

Lemon Roll Pie

レモンロールパイ

バターをたっぷり折り込んだパートブリゼでロールパイを焼きましょう。三つ折りをすると層状に焼け、ホロホロパリッとした食感に。本格的に作る折り込みパイは手間も時間もかかりますが、ここでは三つ折り2回だけの簡単生地。ロールパイに成形し、さわやかなレモンアイシングをうっすらかけた仕上げにしましょう。

ment avancé

下準備

P113～114と同様にパートブリゼを作る。ただしここではバター粒を1cm角くらい、少し大きめに残すように。冷蔵庫で休ませたらP119を参照して三つ折りを2回する。冷蔵庫で一晩休ませる。

型準備

なし。

材料　18枚分

●パートブリゼ
- 強力粉 …………… 75g
- 薄力粉 …………… 75g
- 塩 ………………… 3g
- 砂糖 ……………… 15g
- 無塩バター ……… 105g
  冷蔵庫に入れておく
- 冷水 ……………… 50g
  冷蔵庫に入れておく

●具材
- アーモンドダイス …… 20g
- グラニュー糖 …… 適量

●レモンアイシング
- 粉糖 ……………… 100g
- レモン汁 ……… 約20g
- レモンの皮のすりおろし ……………… 1個分

焼き時間の目安　190度12～14分

1 生地をのばす

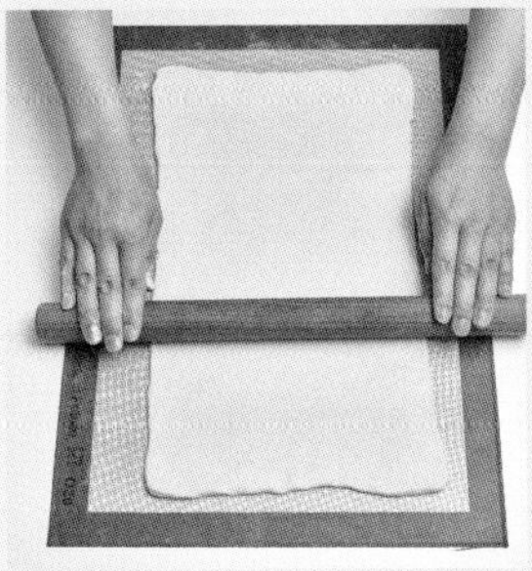

三つ折りにした生地を40×22cmくらいにのばす。厚みは均等に。

2 アーモンドをふって押さえる

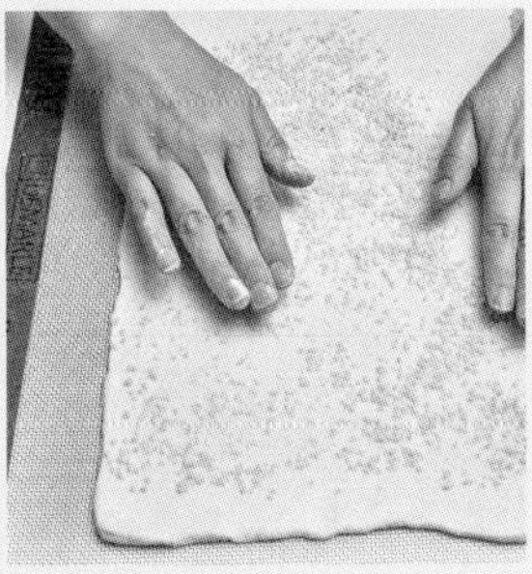

アーモンドダイスをまんべんなくふり、麺棒を転がして密着させる。

3 ロール状にする

手前から隙間ができないようにロール状に巻く。巻き終わりはしっかり閉じる。ラップで包んで冷蔵庫で1時間くらい休ませる。

4 輪切りにする

冷やして生地を締めたら、18等分の輪切りにする。

5 成形する

グラニュー糖を軽くまぶしながら縦13～14cmの楕円形にのばす。

6 オーブンで焼く

ベーキングペーパーの上に並べ、190度のオーブンで12～14分ほど焼き色がつくまで焼く。

7 アイシングを塗る

粉糖、レモン汁と皮のすりおろしを混ぜ、ゆるめのアイシングを作り、上面に薄く塗る。

8 乾かす

170度のオーブンで2分ほど乾かす。冷めたら密閉容器などで保管する。

Q 生地をのばすポイントは？

A **バターが溶け出さないよう、手早く作業します。**

最後に三つ折りをした状態から90度回転させた向きにのばします。打ち粉をしながら麺棒で40×22cmくらいにします。これ以降は**バターが溶け出さないよう、手早く作業しましょう。**

Q 巻くときのコツは？

A **きっちりと巻きます。**

空洞ができないように、手前から**きっちりとくるくる巻いたら、巻き終わりを強くつまんで生地をとじます。**

Q 成形のポイントは？

A **グラニュー糖をまぶしながらのばします。**

台の上にグラニュー糖を広げ、その上で輪切りの生地を縦長に、13～14cmくらいにのばします。**グラニュー糖を軽くまぶしては裏返して少しのばし、を繰り返します。**

Arrangement avancé

パートブリゼの上級アレンジ❷

小さく焼いたタルトに焼きリンゴを重ね、クリーム絞りで仕上げる

Tartelette au Pomme Caramélisé

焼きりんごのタルトレット

パリパリと香ばしいタルトの土台に、キャラメルとじっくり焼きこんだ紅玉りんごを重ねた、焼きりんごのタルトレットです。香ばしい焼きりんごのおいしい果汁が、土台のクレームダマンドに多少しみてなじんだころが食べごろに。仕上げに絞った生クリームがりんごの風味をより引き立てます。

型準備

なし。バターを塗る必要はない。
◆先に土台のタルトレットを焼き、同じ型でりんごも焼く。

材料　ふちの直径7.5cm・高さ2.5cm のタルトカップ4個分

下準備　**P113～116を参照してパートブリゼ、クレームダマンドを作っておく。**

◆ドライいちじくは粗く刻んでおく。

●パートブリゼ
- 強力粉 …………… 35g
- 薄力粉 …………… 35g
- 塩 ………………… 2g
- 砂糖 ……………… 10g
- 無塩バター ………… 35g
  冷蔵庫に入れておく
- 冷水 ……………… 25g
  冷蔵庫に入れておく

●クレームダマンド
- 無塩バター ……… 30g
  室温に戻しておく
- 砂糖 ……………… 30g
- 全卵 ……… 正味30g
  室温に戻しておく
- アーモンドパウダー …………………… 30g
- ラム酒 …………… 4g

●具材
- ドライいちじく ……… 30g
  1cm 角にカットする
- 紅玉りんご ………… 2個

●キャラメルソース
- 砂糖 ……………… 30g
- 水 ………………… 少々

●トッピング
- 生クリーム ………… 70g
- 砂糖 ……………… 7g
- シナモンスティック、シナモンパウダー… 各適量

焼き時間の目安
190度25～30分
→180度15～20分

1 型に敷き込む

P115を参照してパートブリゼを型に敷く。ここでは型より一回り大きい円形にのばして敷き込む。

2 ふちをカットしピケする

一度型ごと冷蔵庫で冷やして生地を締め、ナイフで余分なふちの生地をすり切る。底にフォークで穴をあける（ピケ）。

3 フィリングを詰める

刻んだドライいちじく、クレームダマンドを4等分にのせ、ならす。

4 オーブンで焼く

190度のオーブンで25～30分焼いたら型から出し、冷ましておく。型は再度使うのできれいにしておく。

Q 型に敷き込むポイントは？

A **円形にのばし、ぴったりと貼りつけます。**

パートブリゼを作り、休ませてから4等分にします。ひとつずつ打ち粉（分量外）をしながら**型より一回り大きな円形にのばし、型の底、側面にぴったりと貼りつけるようにして敷き込みます。**

Q なぜ穴をあけるの？

A **焼き縮みを防ぎ、火の通りをよくするためです。**

焼き縮みを防ぎ、火の通りをよくするため、底にフォークでまんべんなく穴をあけます（ピケ）。作業が終わったら再び冷蔵庫で休ませておきます。

Q 焼き加減は？

A **ふちの生地が色づくまでしっかり焼きます。**

ふちの生地が色づくまでしっかり焼けたら粗熱を取り、型から出します。この後、同じ型でりんごを焼くので、型をきれいにしておきます。

断 面

8のポイント
りんご3切れをかませて入れる
焼いた後型抜きしたときに、**くずれにくく座りがよいようにするため、まず3切れをかませながら底に入れます。**さらに**上に3切れを縦に並べてのせます。**

5 りんごを加熱する

りんごは皮をむいて芯を取り、12等分のくし形切りにする。ラップをかけてレンジで2～3分しんなりするまで加熱する。

6 キャラメルソースを作る

砂糖と水を小鍋に入れて中火にかけ、少し濃いめの茶色いキャラメルになったら火を止める。

7 型に分ける

熱いうちにすぐにタルトカップに4等分に分ける（やけどに注意）。ソースが片寄っても問題ない。

8 りんごを入れる

加熱したりんごを、まず底に3切れを組み合わせて入れ、さらに上に3切れずつのせる。上記参照。

Q キャラメルソースの焦がし具合は？

A **濃いめの茶色になるまでしっかり焦がします。**

煮詰まって濃いめの茶色になってきたら火を止めます。焦がし足りないと、りんごにおいしいキャラメル味がつかないので注意。

Q りんごはどれくらいオーブンで焼く？

A **りんごがしんなりとしてボリュームがなくなるまで。**

キャラメルソースがブクブクと沸騰し、りんごがしんなりとしてボリュームが減るまで焼きます。焼けたら上面をフォークの背で軽く押して、平らに整えておき、冷めてから型から出します。

Q りんごを型から出すコツは？

A **逆さにしてタルトの上にのるように出します。**

パレットナイフなどを側面に入れ、底がずれるようになったら逆さにし、タルトの上にあける。**形が少しくずれても、整えなおせば大丈夫。**

11のポイント

大きめの口金を使う

ボリューミーに絞りたいので、**少し太め、大きめの口金がおすすめ。**ここでは8切り10号サイズを使用。

9 オーブンで焼く

180度のオーブンで15～20分、りんごのボリュームが減るまで焼いて冷ましておく。

10 土台にのせる

型の側面にナイフを入れてりんごをはがし、冷めたタルトの上に直接りんごをのせる。

11 クリームを絞る

砂糖入りで八分立てにした生クリームを星口金をつけた絞り袋に入れ、りんごの上に絞る。

12 トッピングする

シナモンパウダー、ほぐしたシナモンスティックを飾る。

Q クリームの固さは？

A しっかりツノが立つくらい。

クリームがゆるいと絞ったときにダレてしまうので、**しっかりツノが立つくらいに。ただし泡立てすぎてボソボソにならないよう注意。**

Q 絞り方のポイントは？

A ボリュームを出すように絞ります。

真ん中にきゅっと円を描くように2段重ね、ボリュームを出すように絞ります。押し付けると絞りがつぶれてしまうので注意。

Q シナモンスティックはそのままのせる？

A 縦にほぐします。

シナモンスティックはそのままトッピングにすると大きいので、**縦にほぐしてから使います。**このシナモンスティックは**食べることはできません。**

Q 食べごろは？

A タルトとりんごをなじませてから。

ベストな食べごろはタルト生地にりんごをのせ、冷蔵庫で2時間以上おいてなじませてから。次の日くらいまでは生地のザクザク感が楽しめます。食べる前にクリームを絞って、トッピングするのがベスト。

熊谷裕子（くまがいゆうこ）

青山学院大学フランス文学科を卒業後、「サンルイ島」「レジオン」「ル・パティシエ・タカギ」など神奈川、東京の菓子店に約10年勤める。少人数制・実習形式の教室「クレーヴスイーツキッチン」「アトリエ・ルカド」を主宰。並行して自身の教室で作るオリジナルレシピをテーマごとに出版。著書20冊以上。『魔法のデコレーション・メソッド』『ショコラティエみたいにできる 魔法のボンボン・ショコラレシピ』（以上小社）、『好みの形★味★デコレーションに！ケーキ作りのアレンジテクニック』『焼き菓子アレンジブック』（ともに旭屋出版）、『見た目もおいしさもワンランクアップ 熊谷裕子の焼き菓子成功メソッド』（日東書院本社）等がある。
2020年より「Web版 熊谷裕子のお菓子教室」にてダウンロード形式の動画レッスンも開始。より広くお菓子作りの楽しさを伝えるための活動を継続中。
「Web版　熊谷裕子のお菓子教室」 https://craivesweetskitchen.com/

Staff

アートディレクター
アガタ レイ
(56HOPE ROAD STUDIO)

デザイン
こいたばし (bori bori)

撮影、動画編集
大木慎太郎

スタイリング
South Point

菓子製作アシスタント
田口竜基

企画・編集
成田すず江、藤沢せりか
（株式会社テンカウント）

校正
ディクション株式会社

撮影協力
株式会社ルカド
UTUWA

本の内容に関するお問い合わせは、お手紙かメール（jitsuyou@kawade.co.jp）にて承ります。恐縮ですが、お電話でのお問い合わせはご遠慮くださいますようお願いいたします。

焼き菓子の教科書
バターの性質を知れば、もっとおいしく焼けます

2021年10月20日　初版印刷
2021年10月30日　初版発行

著　者　　熊谷裕子
発行者　　小野寺優
発行所　　株式会社河出書房新社
〒151-0051　東京都渋谷区千駄ヶ谷 2-32-2
電　話　03-3404-1201（営業）
03-3404-8611（編集）
https://www.kawade.co.jp/

印刷・製本　凸版印刷株式会社

Printed in Japan
ISBN978-4-309-28929-8